Walter Nepges

„Den Himmel muss man sich schenken lassen"

Die Mystikerinnen von Helfta

Mit einem Vorwort von
Sr. M. Assumpta Schenkl OCist
Äbtissin des Cistercienserinnenklosters St. Marien zu Helfta

Für Gabi und für Erich

Die Deutsche Bibliothek – CIP Einheitsaufnahme

Repges, Walter:
„Den Himmel muss man sich schenken lassen":
die Mystikerinnen von Helfta/ Walter Repges - 2. Aufl. -
Leipzig: Benno-Verl., 2002
ISBN 3-7462-1424-6

Dieses Buch ist nach den
neuen amtlichen Rechtschreibregeln gesetzt.
Zitate wurden in der alten Schreibweise belassen.

ISBN 3-7462-1424-6

© St. Benno Buch- und Zeitschriftenverlagsgesellschaft mbH
Leipzig 2001
2. Auflage 2002
Umschlaggestaltung: Ulrike Vetter, Leipzig
Umschlagfoto: Bernd Clasens, Erfurt
Satz und Herstellung: Kontext, Lemsel
Printed in the Czeck Republic

INHALT

Vorwort 7

Einleitung 9

I.
WAS MAN HEUTE SIEHT

1. in Magdeburg 13
2. in Helfta 19

II.
WAS VOR 700 JAHREN WAR

1. Beginen – auch in Magdeburg 22
2. Zisterzienserinnen – auch in Helfta 31
   a) Die Zisterzienserinnen 31
   b) Das Kloster Helfta 34
3. Frauenmystik im 13. Jahrhundert 40

III.
WAS DIE ZEITEN ÜBERDAUERT

1. Das Glaubenszeugnis
   Mechthilds von Magdeburg 46
   a) Ihr Leben 46
   b) Ihre Schriften 48
   c) Ihre Botschaft 49

2. Das Glaubenszeugnis
   Mechthilds von Hackeborn 72
   a) Ihr Leben 72
   b) Ihre Schriften 73
   c) Ihre Botschaft 76

3. Das Glaubenszeugnis
   Gertruds der Großen von Helfta 101
   a) Ihr Leben 101
   b) Ihre Schriften 106
   c) Ihre Botschaft 108

ANMERKUNGEN 137

VORWORT

Dieses Buch will und kann uns etwas vermitteln von dem intensiven geistlichen Leben, das im hohen Mittelalter im Kloster HELFTA geblüht hat. Aber vielleicht fragen Sie sich: Texte, die vor 700 Jahren entstanden sind, haben die uns heute noch irgend etwas zu sagen? Sind sie nicht genauso „tot" wie die Ruinen so mancher Klöster aus dieser Zeit? Wenn Sie sich aber auf diese so feinsinnig zusammengestellten und kommentierten Texte einlassen, werden Sie erkennen:
HELFTA lebt wieder. Trotz Tod und Untergang, Zerstörung und Verfall ist in diesen zerbröckelnden, nun wieder errichteten Mauern über mehr als sieben Jahrhunderte hinweg etwas spürbar geblieben vom Geist der heiligen Frauen, die im Mittelalter hier lebten, liebten, beteten und sich von Gottes Liebe überreich beschenken ließen – um diese Liebe verschwenderisch an ihre Mitmenschen weiterzuschenken. Ja, er ist lebendig geblieben, dieser Geist! Viele, die an diesen Ort kommen, nehmen ihn wahr. Einer sagte, tief davon betroffen: „Hier spürt man Gott ganz nah. Man kann ihn berühren und trinken von ihm." Und dies ist sie ja die Botschaft der drei großen Frauen: Diese zärtlich drängende Einladung: „Komm, komm, trinke von dem Quell, der hier fließt! Lass dich beschenken mit Liebe! ER, der auch uns seinen

Himmel geschenkt hat, wartet voll Sehnsucht darauf, sich zu verschwenden an dich."

Leben und Werk der drei heiligen Frauen, die dieses Buch uns nahe bringen will, künden immer wieder dies: Unser Gott ist ein verschwenderischer Gott. Er wartet nicht auf Leistung und auf große Taten. Er will sich einfach schenken, lädt uns unermüdlich ein zu intimer Freundschaft, zur Vereinigung mit sich. – Jede der drei großen Heiligen wurde gerufen und beschenkt, noch ehe sie etwas hatten „verdienen", sich er-dienen können. Sie ließen IHN nur ein, als ER kam, und öffneten sich IHM – und gaben dem göttlichen Liebeswerben liebende Antwort.

Und dies, so denke ich, ist es, was sie uns Leistungsmenschen von heute, uns gehetzten Karrieremenschen sagen wollen: „Halt' ein wenig inne, schaue, horche, lausche, tu dich auf dem Ruf und An-spruch dessen, der dir seinen Himmel schenken will. Und schenke dich zurück!" Mehr bedarf's nicht, um im tiefsten Innern zu erfahren: Davon wird mir das Herz ganz ruhig, froh und hell, und findet jenen Frieden, den es auf allen Märkten dieser Welt vergeblich sucht.

Dies Buch kann uns Wegweiser und Begleiter sein, wenn wir versuchen, uns hineinzutasten in die geheimnisvolle und doch so lichte Welt der drei heiligen Frauen von HELFTA.

Sr. M. Assumpta Schenkl OCist.,
Kloster St. Marien zu Helfta

Einleitung

Das Bistum Magdburg hat 1999 zwei besondere Ereignisse erlebt – und gefeiert.

Das eine war der 700. Jahrestag des Todes Mechthilds von Hackeborn. Als Heilige wird sie verehrt, als Mystikerin gar, und Ordensfrau war sie im Kloster Helfta, das heute zur Lutherstadt Eisleben im Lande Sachsen-Anhalt gehört.

Das Bistum Magdeburg und der Verband der Freunde Helftas hatten für das ganze Jahr Veranstaltungen geplant und dann auch durchgeführt:
Pontifikalämter mit Bischof Nowak von Magdeburg zur Eröffnung und zum Beschluss;
Wochenendseminare über Frauenmystik im allgemeinen und die Mystik Mechthilds von Hackeborn im besonderen;
Wallfahrten, Konzerte, Vorträge.
Ein zusätzliches Festprogramm wurde arrangiert für Hackeborn, den Stammsitz der Edlen von Hackeborn, dem Mechthild entstammte.

Das zweite große Ereignis – und die eigentliche Krönung des Mechthildjahres – war im August der Wiedereinzug von Zisterzienserinnen in das Kloster Helfta.

1346 hatten die letzten Ordensfrauen das einst blühende Kloster verlassen müssen. Angesehen war dieses wegen seiner Klosterschule, wegen des hohen Bildungsgrades seiner Nonnen und nicht zuletzt wegen der drei mystisch begnadeten Frauen Mechthild von Magdeburg (1210 - 1294), Mechthild von Hackeborn (1241 - 1299) und Gertrud von Helfta (1256 - 1302). Im 13. Jahrhundert hatten sie gelebt. Doch nur wenige Jahrzehnte nach Gertruds Tod hörte das Kloster auf zu bestehen. Ein Trümmerhaufen war es lange Zeit, zu einer anderen Zeit preußische Staatsdomäne, zur DDR-Zeit als VEG (volkseigenes Gut) landwirtschaftlicher Großbetrieb.

Und jetzt das, was jahrhundertelang niemand mehr für möglich gehalten hatte: in Helfta wird wieder gebetet - und zwar von Schwestern des gleichen Ordens wie vor 700 Jahren, und das in der gleichen Abteikirche wie vor 700 Jahren, einer Kirche, die bis vor kurzem nichts weiter als eine kümmerliche Ruine war; in Helfta wird wieder gelehrt - und zwar in einem eigenen Begegnungs- und Bildungshaus, das den Namen St. Gertrud trägt; in Helfta herrscht wieder Leben.

Helfta lädt dazu ein, das, was heute sich tut, mit fast ungläubigem Staunen zu bewundern. Es lädt dazu ein, sich an das zu erinnern, was vor 700 Jahren war. Es lädt dazu ein, zu vernehmen, was die drei Helftaer Mystikerinnen ihrer Zeit und unserer Zeit, ja, jeder

Zeit zu sagen haben: Mechthild, die zuerst Begine in Magdeburg war (und uns deshalb auch zu einem Besuch der ihr geweihten Kirche in Magdeburg einlädt) und die erst später sich auf den Weg nach Helfta machte; Mechthild von Hackeborn, eben die, deren Gedächtnis 1999 so feierlich begangen wurde; und schließlich Gertrud, der man nicht ohne Grund den Beinamen die Große gegeben hat.

Mystikerinnen heißen sie,
weil sie ihrer eigenen unbeweisbaren Überzeugung nach dem Geheimnis aller Geheimnisse, dem Mysterium schlechthin begegnet waren und weil sie dabei – mit Paulus zu sprechen – „unsagbares Sagen vernahmen, das ein Mensch nicht auszusprechen vermag" (2 Kor 12,4);
weil ihnen das gleiche widerfuhr wie den alttestamentlichen Propheten, die ausrufen konnten:

„Du weißt es, Herr.
Kamen Worte von dir,
so verschlang ich sie;
dein Wort war mir Glück
und Herzensfreude." (Jer 15,16)

Oder wie Paulus selbst, der, als er den vor sich sah, der jenseits allen Verstehens ist, sich ins Paradies, ja in den dritten Himmel entrückt glaubte und selber nicht wusste, ob das alles mit dem Leibe oder ohne den Leib geschah (2 Kor 12,2).

Oder wie dem spanischen Mystiker Johannes vom Kreuz, der von seiner Gottbegegnung so entzückt war, dass er jubelnd ausrief:

> *„Trunken war ich, wie von Sinnen,*
> *hingerissen, außer mir.*
> *Blieb dabei doch mein Empfinden*
> *jeglicher Empfindung bar.*
> *Und der Geist sah sich beschenket*
> *mit Verstehn, das nicht verstand,*
> *alles Wissen übersteigend."*[1]

Frauen waren es, die mit stammelnden und zugleich bilderreichen Worten dem Ausdruck verliehen, wovon ihr Herz erfüllt war.

Frauen waren es, die nicht den Verstand ansprechen wollten, sondern das Herz, das Trost sucht und Geborgenheit.

Frauen waren es, von denen Hans-Urs von Balthasar schrieb: „Ein Glanz liegt auf ihren Gestalten, ihrem Leben, ihren Schicksalen, ihren Schriften und ihrem Sterben und macht sie uns teuer wie Sterne, Blumen und Kinder."[2]

I. Was man heute sieht

1. *In Magdeburg*

Gewiss ist man geneigt, in Magdeburg zunächst einmal die Bischofskirche Sankt Sebastian aufzusuchen, diese Kirche mit dem romanischen Westbau, dem gotischen Innenraum und den barocken Turmhauben. Das alles wird in jedem Reise- und Kunstführer beschrieben. Etwas aber muss man wahrscheinlich selbst entdecken (oder sich von einem kundigen Begleiter zeigen lassen): in den Relieftafeln des Chorgestühls und in den Seitenfenstern des Chorraumes die Darstellungen der drei heiligen Frauen Mechthild von Magdeburg, Mechthild von Hackeborn und Gertrud von Helfta. Hier stößt man auf sie. Hier beginnt man zu fragen, wer sie waren, was sie taten, was sie sagten.

Doch kaum einer ahnt (und kein Baedeker verrät es), dass es in Magdeburg eine Straße gibt, die Milchweg heißt, und dass an eben dieser Straße, nahe bei der Ebendorfer Chaussee, eine Kirche liegt, die – als erste und bislang einzige – der heiligen Mechthild von Magdeburg geweiht ist. 1978 hatte man mit dem Bau begonnen, mitten in einem Neubaugebiet im Norden der Stadt. 1983 war das Richtfest. 1984 wurde die Kirche eingeweiht – fünf Jahre vor der Wende.

Wer diese Kirche betritt, sieht vor sich großräumige Fenster: ein Wunder an glitzernden, schillernden, leuchtenden Farben. Von ihnen lässt er sich, ob er will oder nicht, umspielen, umfangen, ja einfangen. Und ihm erscheint unwichtig, was er vorher hat lesen können: dass Christof Grüger aus Schönebeck bei Magdeburg sie entworfen hat und dass die Glaswerkstätten Lehmann in Berlin-Weißensee das von ihm Entworfene ausgeführt haben. Er sieht nur das Ergebnis: ein wogendes Lichtermeer, das den Besucher sich geradezu baden lässt in diesem „fließenden Licht der Gottheit" (so lautet der Titel des großen dichterischen Werks, das Mechthild von Magdeburg uns hinterlassen hat).
Man sollte sich einfach nur hinsetzen, sich freuen, still die Botschaft vernehmen, die diese in tausend Schattierungen funkelnde Wand verkündet: Gott ist Licht und Leben, Sich-Verströmen, Sich-Verschenken, ein Quell, der nie versiegt.

Erinnerungen an die Bibel wollen aufsteigen:
„Ich sah die heilige Stadt, das neue Jerusalem", schreibt Johannes im 21. Kapitel der Geheimen Offenbarung. „Sie glänzte wie ein kostbarer Edelstein, wie ein kristallklarer Jaspis. Sie braucht weder Sonne noch Mond, die ihr leuchten. Denn die Herrlichkeit Gottes erleuchtet sie. Und ich hörte eine Stimme rufen: Seht, die Wohnung Gottes unter den Menschen! Er wird in ihrer Mitte wohnen, und er wird alle Tränen von ihren Augen abwischen. Der

Tod wird nicht mehr sein, keine Trauer, keine Klage, keine Mühsal."
Auch Worte und Bilder aus dem Alten Testament werden lebendig, so die des Psalmisten, der im 139. Psalm betet: „Du umschließt mich, Herr, von allen Seiten und legst auf mich deine schützende Hand." Und wenn der Betrachter seinen Blick auf die Fenster zur Rechten des Altarraumes lenkt, dann mag ihm sein, als sähe er vor sich die Feuersäule, die den Israeliten bei ihrem Zug durch die Wüste des Nachts voranzog, oder den Dornbusch, der brannte und doch nicht verbrannte und in dem der Herr dem Mose erschien.

Wer nun eines Tages die Bücher Mechthilds selbst zur Hand nimmt, findet darin Worte und ganze Passagen, die auch den Künstler, der diese Glasmalerei schuf, inspiriert haben dürften:

„Herr, du bist mein Geliebter,
meine Sehnsucht,
mein fließender Brunnen,
meine Sonne (I, 4)...,
meine Augenweide." (I, 20)[3]

„Wie Gott sich preist und besingt...:
Ich bin ein (stets) wiederkehrender Reichtum,
den niemand behalten kann
als allein die Verschwendung." (V, 26)

„Ein unwürdiger Mensch dachte einfältig über den Adel Gottes nach. Da gab ihm Gott im Geiste ein Feuer zu erkennen und mit den Augen der Seele zu schauen. Es brannte ohne Unterlaß... Dieses Feuer ist der ewige Gott, der in sich das ewige Leben hält und aus sich alle Dinge entließ." (VI, 29)

„Herr, du bist die Fülle." (VII, 55)

„Du bist das Licht über allen Lichtern." (II, 10)

Lässt nun einer diese Lichterwand länger auf sich wirken, dann gewahrt er darin so etwas wie Rundbögen – eine Vorstellung, die auch Mechthild nicht fremd ist. Schreibt sie doch vom Himmel – so wie sie ihn schaut –, dass er „hochgewölbt" ist (II, 19), und von Gottes Thron, dass er „sich wölbt ... in blühender, leuchtender, feuriger Klarheit" (III, 1). Und spricht nicht auch die schon zitierte Geheime Offenbarung dort, wo sie das himmlische Jerusalem beschreibt, von zwölf Toren, die wie zwölf Perlen sind?

Es könnte auch sein, dass man auf die Bekenntnisse des großen Kirchenlehrers Augustinus stößt und dort die gleichen Worte liest, die auch das Spiel der Lichter und Farben in Sankt Mechthild uns zuraunen will:

„Du Schönheit, ewig alt und ewig neu. Du hast geblitzt, geleuchtet... Du hast Duft verbreitet... Du hast mich berührt, und ich brenne." (Buch 10, Kap. 27)

Wenn man, noch trunken von dem Gleißen des hereinstrahlenden und den Kirchenbesucher umspülenden Lichtes, sich zum Gehen wendet, fällt der Blick auf die Orgelempore. An ihrer Brüstung sind Bronzereliefs angebracht, geschaffen von Jürgen Suberg aus Olsberg. In sechs Bildern stellen sie Szenen aus dem Leben Mechthilds dar:

- Mechthilds Kindheit und Jugend. (Andeutung einer Burg, auf der sie heranwuchs, und Hinweis auf ihre Freude an der Natur, die sie schützend die Hand um eine Blume legen lässt.)
- Mechthild am Spinnrad, nachdem sie Aufnahme in die halbklösterliche Gemeinschaft der Beginen gefunden hat. Wie alle Beginen, so ernährt auch sie sich von ihrer eigenen Hände Arbeit.
- Mechthild hilft Armen und Kranken – auf diesem Bild einem Krüppel, einem Verhungernden und einem Blinden.
- Mechthild als Mystikerin. Sie weiß sich von Gott angerührt und vertraut das, was sie schauen durfte, einem Buch an mit dem Titel „Das fließende Licht der Gottheit."
- Mechthild muss sich vor dem Magdeburger Domkapitel verantworten, so ungewöhnlich und für einige unerhört ist das, was sie in Bildern beschreibt, die so ganz anders sind als die Distinktionen der scholastischen Theologie. Tatsächlich wird sie für ein Jahr exkommuniziert!

- Mechthild auf dem Sterbebett in Helfta. In ihrem Alter noch war sie in das dortige Zisterzienserinnenkloster eingetreten. Ihr zur Seite stehen die Äbtissin Gertrud von Hackeborn und die beiden Mystikerinnen Mechthild von Hackeborn und Gertrud die Große von Helfta, die ihre Schülerinnen geworden waren.

So verlässt man die bescheidene und doch so kostbare Kirche am Milchweg in Magdeburg. Ob es wohl einen besseren Einstieg in die Welt der drei Mystikerinnen von Magdeburg und Helfta geben kann als der Besuch gerade dieser Kirche?

2. In Helfta

An der Bundesstraße 80, die von Eisleben nach Halle führt, ist es gelegen, verborgen hinter den Bäumen, die die Straße säumen, fast wie ein verwunschener Garten: das, was vor vielen hundert Jahren einmal ein Kloster war und es heute wieder ist: Helfta.
Noch 1988 sollte alles, was nur irgendwie an das alte Kloster erinnerte – vor allem die stehen gebliebene Giebelwand der ehemaligen Abteikirche – in die Luft gesprengt werden. In letzter Minute wurden diese Pläne vereitelt.
Nach 1989 hatten andere als die früheren Herren andere Pläne. Diese wurden zügig in Angriff genommen. Sie sind zu großen Teilen bereits verwirklicht. Der Weg dazu war mehr als abenteuerlich, weit abenteuerlicher, als es die dürre Aufzählung von Daten und Ereignissen vermuten lässt.
Schon in den ersten Jahren nach der Wende entstehen – von vielen belächelt – mehrere Vereine, die sich zum Ziele setzen, Helfta wieder in kirchlichen Besitz zu bringen und als Stätte christlichen Lebens neu erstehen zu lassen – als geistige und geistliche Oase inmitten einer entchristlichten Umwelt. 1992 schließen sich diese (es waren drei) gemeinsam mit der katholischen Pfarrgemeinde St. Gertrud in Eisleben zusammen zum „Verband der Freunde des Klosters Helfta e. V.". Im gleichen Jahr verpachtet das Land Sachsen-Anhalt

das Klosterareal an das Bischöfliche Amt Magdeburg. Zwei Jahre später geht es in den Besitz der Diözese Magdeburg über. Das erste Ziel ist erreicht.

Die Erreichung des zweiten Zieles, Helfta wieder mit christlichem Leben zu füllen, lässt nicht auf sich warten. In der Ruine der alten Abteikirche wird wieder Gottesdienst gefeiert – 1991 zum ersten Mal. Wallfahrten zu diesem durch das Leben und Sterben der drei Mystikerinnen geheiligten Ort werden durchgeführt. Das frühere Herrenhaus (Propsteigebäude) wird zu einem Haus der Begegnung und Bildung ausgebaut und schon bald genutzt. Maria-Ward-Schwestern übernehmen die Betreuung des Hauses und der dort stattfindenden Besinnungstage und Glaubenskurse. In dem Speichergebäude wird ein Museum eingerichtet, in dem, was einmal Schafstall war, ein Versammlungsraum für Konzerte, Kongresse, Vorträge. Wege werden in Ordnung gebracht, Bäume gepflanzt, sogar Autoparkplätze angelegt.

Dann – am 7. Juni 1997 – erfolgt die Grundsteinlegung für die neue Abteikirche und ein neues Kloster. Am 21. März 1999 wird das Richtfest begangen. Der Vorsitzende der deutschen Bischofskonferenz, Bischof Karl Lehmann, nimmt daran teil. Er weiß, welche Bedeutung dem wiedererstehenden Helfta zukommt. Noch im gleichen Jahr werden Kirche, Kreuzgang und Konventsgebäude fertiggestellt, 2001 ein Gästehaus sowie das Hotel und Restaurant „An der Klosterpforte". Ein neues Gebäude für einen Kindergarten soll folgen.

Frau Äbtissin M. Assumpta Schenkl aus der Zisterzienserinnenabtei Seligenthal (Landshut/Bayern) wagt zusammen mit weiteren sieben Schwestern einen Neubeginn. Im August 1999 zieht sie ein.

Vor dem Konventsgebäude befindet sich der Teich, an dem der Überlieferung nach die heilige Gertrud viel gebetet hat. Er trägt daher den Namen „Gertrudenteich".

In der Kirche, gleich im Eingangsbereich, begrüßt den Besucher mit ausgebreiteten Armen eine Christusstatue, Werk des ostpreußischen Künstlers Johannes Dumanski und Geschenk des Münchener Theolgieprofessors Neuhäusler.

Schaut man sodann in der Kirche – einem Bau von zisterziensischer Helle und Schlichtheit – nach vorn, fesselt den Blick ein mächtiger Tischaltar, gebaut aus Steinen, die – auf Initiative eines evangelischen Pfarrers – katholische und evangelische Kirchengemeinden der Umgebung zusammentrugen. Er birgt eine Reliquie der heiligen Hedwig von Schlesien – und zeigt an der Vorderfront eine 200 bis 300 Millionen Jahre alte Versteinerung von drei Fischen, Vermächtnis eines mehr als 90 Jahre alten Franziskanerpaters in Brasilien.

Die Stirnwand der Kirche hat (ebenso wie ein Teil der Seitenwände) die Jahrhunderte überdauert. In die drei schmalen hohen Fenster wurden neue Gläser eingesetzt, ebenfalls in ein viertes, über dem mittleren befindliches. Das Werk Mechthilds von Magdeburg mit dem Namen „Das fließende Licht der Gottheit" hat hier Pate gestanden. Ganz zart wird angedeutet, wie das Licht, das von dem oberen Fenster herabfließt, in Vater, Sohn und Geist Gestalt annimmt.

II. WAS VOR 700 JAHREN WAR

1. Beginen – auch in Magdeburg

Mechthild lebte 40 Jahre lang als Begine in Magdeburg, von 1230 bis 1270, vielleicht sogar zeitweise als Leiterin der dortigen Beginengemeinschaft. Wo diese ihr Haus hatte, weiß man nicht. Man vermutet aber, dass es in der Nähe der Stiftskirche Sankt Sebastian war und damit auch in der Nähe des Klosters der Dominikaner, die die seelsorgliche Betreuung der Beginenschwestern übernommen hatten.

Das zweite der Bronzereliefs an der Orgelempore der Mechthild-Kirche am Milchweg deutet dieses an. Es zeigt nicht nur Mechthild am Spinnrad, sondern rechts oben auch die Umrisse der St. Sebastians-Kirche. Nicht weit von ihr entfernt hat sie gewohnt, gebetet und gearbeitet – und ihre Visionen empfangen.

Dass es in Magdeburg Beginen gab, zeigt: auch Magdeburg war erfasst von der religiösen Frauenbewegung, die im 13. Jahrhundert explosionsartig weite Teile Europas erfasst hatte: Italien, Frankreich, die Niederlande, Deutschland. Diese war keine Protestbewegung der Armen gegen die Reichen. Viel eher war es eine Protestbewegung der Reichen selbst gegen den wachsenden Reichtum, der ihnen in eklatanter Weise den Forderungen des Evangeliums und dem Vorbild Jesu von Nazaret zu widersprechen schien. Ihm aber wollten sie nachfolgen durch ein Leben des Gebetes und der tätigen Nächstenliebe und durch Verzicht auf Ehe und Besitz – genau so wie der es tat, von dem es heißt, dass er Wohltaten spendend durch die Lande zog, aber selbst nichts hatte, wohin er sein Haupt hätte legen können.

Es waren „Frauen, die den Reichtum ihrer Eltern verschmäht und die Ehe mit vermögenden und vornehmen Männern ausgeschlagen hatten, um in Armut, von der Arbeit ihrer Hände lebend, dürftig in Nahrung und Kleidung, sich ganz ihren religiösen Zielen zu widmen." So steht es in einer Beschreibung Jakobs von Vitry, eines Kanonikers aus dem heutigen Belgien, der später Bischof von Akkon und Kardinal wurde.[4] Dabei gab er wieder, was er mit eigenen Augen gesehen hatte. War er doch geistlicher Vater und später auch Biograf der seligen Maria von Oignies. Sie führte ein solches Leben, wurde Mittelpunkt der Frauenfrömmigkeit im Bistum Lüttich und für ganz Nordeuropa zum Vorbild der „mulieres religiosae", der „frommen Frauen", wie man sie nannte.

Hier in Lüttich entstand auch der Name, den man diesen „frommen Frauen" zulegte: Beginen. Es war zunächst ein Schimpfwort. Denn Begine ist nichts anderes als eine Abkürzung – beziehungsweise Verstümmelung – von „(Al-) bigenser". Und Albigenser war der Name für die „Ketzer" in Südfrankreich. Denen schienen sie verdächtig nahe zu stehen, vor allem in den Augen derer, die grundsätzlich gegen alles Neue waren. Gehörten sie doch keinem etablierten Orden an und befolgten sie doch daher auch keine der überlieferten Ordensregeln.

Der Name „Begine" blieb. Er verlor jedoch zunehmend den negativen Beigeschmack, den er ursprünglich hatte. Schon in den zwanziger Jahren des 13. Jahrhunderts redete man ganz unbefangen von diesen religiösen Frauen als Beginen, und etwa von der Jahrhundertmitte an nannten auch sie selbst sich so.

Es blieb aber das Unbehagen darüber, dass da Frauen außerhalb der überlieferten Ordnung, also (angeblich) regel-los ein religiöses Leben führen wollten.

Das Mittelalter war geprägt von der Vorstellung, dass wahre Religion auch immer wahre Ordnung sein müsse. Wenn einer über das normale Maß hinaus fromm sein wollte, standen ihm dafür die bewährten Formen der bestehenden Orden zur Verfügung. Nicht umsonst rief das vierte Laterankonzil im Jahre 1215 eben dieses in Erinnerung und verbot kurzerhand die Errichtung neuer Orden und erst recht so etwas wie „Bewegungen". Dergleichen war von vornherein suspekt. Denn – so sollte Papst Gregor IX. die herrschende Meinung und erst recht seine eigene zum Ausdruck bringen – „jede kirchlich anerkannte religiöse Lebensweise muss auf bestimmten Regeln und Normen, Vorschriften und Strafbestimmungen ruhen, denn ohne genaue und strenge Regelung ... ist jede vita religiosa in Gefahr, den rechten Weg und die sichere Grundlage zu verlieren."[5] Mit anderen Worten: so etwas konnte nur dahin führen, wohin die neuen Bewegungen der Waldenser, der Albigenser, der Katharer geführt hatten: ins Sektierertum, das den Raum der Kirche verlassen und sich außerhalb von ihr etabliert hatte. Genau das fürchtete man.

Jakob von Vitry sah aber, wie diese Frauen lebten: arm, bedürfnislos, arbeitsam. Er sah auch, was sie taten: Kranke und Alte pflegen, Tote bestatten, Unterricht erteilen. Er wusste gleichfalls, warum sie so lebten und so handelten: um Jesus, ihrem Herrn, nachzufolgen. Für ihn waren diese Frauen „die große neue Hoffnung in der Kirche", ja „Verheißung eines neuen Aufschwungs"[6].

Deshalb benutzte er eine Reise nach Italien – wo er zum Bischof geweiht werden sollte – dazu, vom Papst die Zustimmung zu der Lebensweise dieser Frauen zu erbitten – trotz des eben erst ergangenen Konzilsbeschlusses und obwohl sie gegen alles Herkommen ihr gemeinsames Leben ohne Gelübde, ohne Klausur und ohne Zugehörigkeit zu einem bestimmten Orden führten. Der Papst erteilte diese Zustimmung, und zwar ausdrücklich nicht nur für das Bistum Lüttich, wo Jakob von Vitry herkam, sondern für alle Gemeinschaftshäuser dieser Frauen in Frankreich und in Deutschland.[7]

Damit waren aber die Bedenken, Zweifel, auch Anschuldigungen gegen diese „Neuerer" nicht aus der Welt geschafft – zumal der Papst seine Zustimmung offenbar nur mündlich erteilt hatte. Das Dilemma blieb. Diese Frauen wollten nur Gutes. Sie taten nur Gutes. Aber sie taten es außerhalb der etablierten Ordnung.

Deshalb suchten vor allem die Anhänger der etablierten Ordnung weiterhin nach einem Ausweg aus diesem Dilemma. Dieser Ausweg hieß zunächst: Aufnahme in schon bestehende Orden. Als solche boten sich an die Prämonstratenser und die Zisterzienser. Doch es kam der Zeitpunkt, an dem sich beide Orden überfordert fühlten. Im Gegensatz zu den Männerklöstern konnten die Frauenklöster ja nicht für sich alleine bestehen. Sie bedurften der geistlichen Leitung, der „cura animarum", die die Sakramentenspendung ebenso mitbeinhaltete wie die Predigttätigkeit. Beides lag nun einmal in der Hand der Männer. Diese aber glaubten sich dadurch von ihren eigentlichen Aufgaben abgelenkt. Sie betrachteten eine weitere Betreuung der Frauen und damit eine weitere Aufnahme von Frauen in ihren Ordensverband als Zumutung und lehnten sie ab. Es waren ihrer einfach zu viele. (Im Gebiet des heutigen Belgien kamen im Zisterzienserorden zeitweilig auf 15 Männerkonvente 66 Frauengemeinschaften, was als ausgesprochenes Missverhältnis empfunden wurde.)
Die zuständigen Gremien - „Kapitel" - der beiden genannten Orden fassten entsprechende Beschlüsse, die der weiteren Angliederung von Frauengemeinschaften einen Riegel vorschieben sollten - es sei denn, der Papst träfe gegenteilige Anordnungen.
Der Papst - es war seit 1216 Honorius III. - beauftragte Kardinal Hugolin - den späteren Papst Gregor IX. - damit, für Abhilfe zu sorgen. Diesem erschienen als Retter in der Not die neuen Orden der Domi-

nikaner und Franziskaner. (Trotz gegenteiliger Beschlüsse des vierten Laterankonzils hatten sie die päpstliche Anerkennung gefunden!) Verdankten diese ihre Entstehung nicht der gleichen religiösen Strömung wie die Beginen, nämlich dem weltlichen Reichtum das Ideal der evangelischen Armut entgegenzusetzen? Und hatte Dominikus nicht selbst auch Frauenklöster in Frankreich, Spanien und Italien gegründet? Und hatte Franziskus nicht höchstpersönlich Clara als „Minderschwester" in seinen entstehenden Orden der „Minderbrüder" aufgenommen und so die Grundlage für einen weiblichen Ordenszweig gelegt?

Doch es kam gar bald der Zeitpunkt, an dem auch die neuen Orden sich weigerten, Frauen aufzunehmen oder auch nur die Seelsorge für sie auszuüben. Der Grund war der gleiche wie bei den älteren Orden: Es waren ihrer zu viele.

So kam es, dass die Gemeinschaften, die nicht von einem Orden inkorporiert wurden, im Laufe des 13. Jahrhunderts die anderen, die den Anschluss an einen Orden gefunden hatten, zahlenmäßig einholten, ja überholten. Diese unabhängigen Frauengemeinschaften – eben die Beginen – gaben sich teilweise selbst eine Regel für ihr Zusammenleben mit einer Meisterin („magistra") an der Spitze, einer festen Hausordnung, einer Art Noviziat für die neu Hinzukommenden, auch einer gewissen Klausur und einem Gehorsamsversprechen gegenüber der Meisterin und ihrer Vertreterin und gegenüber dem je-

27

weiligen Beichtvater. Anderswo waren es der Diözesanbischof und seine Pfarrgeistlichkeit, die ihre Betreuung übernahmen und ihnen zur Hand gingen und so „für eine gewisse Ordnung sorgten". Wieder anderswo waren es die Stadtverwaltungen, die ihnen Häuser und mit den Häusern einen „Pfleger" und ein gewisses Maß an Hausordnungen überließen. (In Frankreich ließ König Ludwig IX. selbst in verschiedenen Städten Beginenhöfe errichten. In dem in Paris gegründeten Haus waren es etwa 400 fromme Frauen, die dort ein Unterkommen fanden und damit Gelegenheit, zu beten, zu arbeiten und Gutes zu tun.)

In Deutschland waren es neben dem Pfarrklerus dann doch wieder vielerorts die Dominikaner, die die seelsorgliche Betreuung der Beginen übernahmen. In Köln etwa unterstellte der Erzbischof um 1260 ausdrücklich die dortigen Beginen der Aufsicht der Dominikaner und empfahl sie ihrer Fürsorge.

Anderswo – wie offenbar auch in Magdeburg – ließen die Beginen selbst sich bewusst in der Nähe von Klöstern der Dominikaner nieder. Sie zogen diese als Seelsorger dem Pfarrklerus vor und erhofften von ihnen mehr Einfühlungsvermögen und mehr Verständnis für ihre religiösen Grundanliegen und Bedürfnisse.

Insgesamt blieb aber die „Regulierung" und organisatorische Gestaltung der wie ein Strom sich ständig verbreiternden religiösen Frauenbewegung eine Aufgabe, die das ganze 13. Jahrhundert beschäftigte und die im Grunde nie definitiv und erst recht nicht einheitlich geregelt wurde.

Hinzu kam, dass in den Beginenhäusern sich eine Form der Religiosität entwickelte, die nicht in die überlieferten Schemata passte. Dort wurde eine religiöse Literatur in der Volkssprache geboren. Diese ergänzte (oder ersetzte) die gelehrte Theologie der Scholastik, die den Verstand ansprach, durch eine charismatische Frömmigkeit des Herzens. Ja, es kam auch zu mystischen Erlebnissen. Das zeigt das Beispiel der heiligen Mechthild von Magdeburg, die das erste große Werk religiöser deutscher Prosaliteratur schuf.

Doch das erschien vielen ebenfalls suspekt, denen vor allem, die sich zu Hütern der Ordnung berufen glaubten. Ein Konflikt war geradezu vorprogrammiert, wenn mystisch begabte Frauen sich darauf beriefen, von Gott selbst (und nicht von der kirchlichen Institution) mit der Verkündigung dessen beauftragt zu sein, was sie geschaut hatten und was für sie Gottes Botschaft war. Erst recht war der Konflikt schier unausweichlich, wenn die Begutachter dieser Frauenmystik selbst nichts anderes gelernt hatten und nichts anderes kannten als ihre scholastischen Distinktionen und Konklusionen und die Sentenzen des Petrus Lombardus. Wo kommen wir hin, so ereiferten sie sich, wenn Frauen – auch das noch: Frauen! – wie wild über die allerheiligste Dreifaltigkeit diskutieren und ihr Gerede obendrein noch als göttliche Botschaft ausgeben!

Aber es kam tatsächlich auch zu Entartungserscheinungen. Die einen begnügten sich nicht damit, das, was seit jeher geglaubt wurde, in neuer Weise und mit anderen Worten darzustellen, sondern wandten sich statt dessen Fabeleien zu. Andere verletzten die Regeln, die sie sich selbst gegeben hatten oder die sie von anderen (Orden, Bischöfen, Stadtverwaltungen) angenommen hatten, verließen ihre Häuser und zogen bettelnd und Almosen sammelnd von Ort zu Ort.

Es kam, wie es kommen musste. Zuerst das Konzil von Lyon (1274) und sodann das Konzil von Vienne (1311) sahen sich veranlasst, das Beginentum ganz allgemein zu verbieten.

Nun hatte sich das Beginentum aber inzwischen so unterschiedlich entwickelt, dass globale Beschuldigungen und darauf fußende globale Verurteilungen sie im Grunde gar nicht alle treffen konnten. Papst Johannes XXII. schränkte sie daher selber wieder ein: die frommen und ehrbar lebenden Beginen seien davon natürlich nicht betroffen.

Zu den „frommen und ehrbaren Beginen", auf die die Konzilsbeschlüsse so ohne weiteres nicht zutrafen, gehörten nach allem, was wir wissen, auch die Beginen in Magdeburg. Dennoch kam der Tag, an dem Mechthild das Beginenhaus in Magdeburg verließ. Sie suchte die Geborgenheit und wohl auch die feste Ordnung einer Zisterzienserinnen-Abtei. Diese fand sie in Helfta.

2. Zisterzienserinnen – auch in Helfta

a) **Die Zisterzienserinnen**

Die Zisterzienserinnen bildeten einen strengen Orden mit fester Regel, Klausur, Chorgebet – all dem, was einen Orden zum Orden macht. (Daher der Name ordo = Ordnung.) Und doch standen sie den Beginen von allen Orden am nächsten, wurden gelegentlich auch „beginae" genannt, waren wie die Beginen zu Beginn des 13. Jahrhunderts vor allem in den Gebieten des heutigen Belgien verbreitet und erlebten es nicht nur im Falle Mechthilds von Magdeburg, sondern auch in einer ganzen Reihe anderer Fälle, dass eine Begine später Zisterzienserin wurde. Die Biografien von Beatrijs von Nazareth, von Ida von Nivelles, von Ida von Leeuwen und anderen zeigen es.

Ihr Name leitet sich her von Citeaux in Burgund. Dort wurde 1098 – als Protest gegen Verweltlichungserscheinungen im Benediktinerorden – ein Kloster gegründet, das der ursprünglichen Regel Benedikts wieder Geltung verschaffen sollte. Schon der dritte Abt von Citeaux gründete ein Reformkloster für Frauen, eben die Zisterzienserinnen. Das war 1120 in Tart, 12 km nördlich von Citeaux. Von Tart aus erfolgten bald weitere Gründungen. Doch nicht nur das: auch ohne förmliche Gründung durch ein Mutterkloster entstanden Konvente von Frauen, die nach der Regel von Citeaux lebten. Dabei waren diese

Konvente bzw. ihre Gründungen weniger Ausdruck des Protestes gegen Verfallserscheinungen innerhalb des Benediktinerordens. Sie waren vielmehr – wie die Häuser der Beginen – Frucht der tief religiösen Frauenbewegung, die das 12. und 13. Jahrhundert erfasst hatte. Das mag auch ihre geradezu rasante Verbreitung mitmotiviert haben, die sie schon bald die Zahl der Männerklöster weit überflügeln ließ. Zu Beginn des 13. Jahrhunderts gab es bereits rund 1000 Zisterzienserinnenklöster, davon etwa 300 im deutschen Sprachraum. „Die Zahl der Frauenklöster im Cistercienserorden wuchs ins Unendliche; sie vermehrten sich wie die Sterne am Himmel, und man konnte auf sie den Segensspruch Gottes anwenden (1 Mose 1,28): ‚Wachset und mehret euch!'" So schrieb Jakob von Vitry[8], und er fügte hinzu: „Es füllten sich die Klöster, es strömten die Jungfrauen zusammen, es eilten Witwen herbei und verheiratete Frauen, die mit Einwilligung ihrer Männer die Ehe in eine geistliche verwandelten… Edle und in der Welt angesehene Frauen verließen ihr irdisches Leben und zogen vor, verachtet zu sein…; sie vertauschten die Reichtümer der Welt und deren trügerische Genüsse mit geistlichem Reichtum und dem Genuß der rechten Weisheit."

Vom Bischof von Würzburg war 1144 das erste deutsche Zisterzienserinnenkloster gestiftet worden. Von diesem Kloster aus sollten im Laufe der Jahre weitere Gründungen erfolgen, und das schließlich sogar bis nach Königsberg.

In den Diözesen Magdeburg und Halberstadt gab es im 13. Jahrhundert 20 Zisterzienserinnenklöster. Sie waren gegründet bzw. gestiftet entweder von Bischöfen oder von Adeligen. Sie befanden sich (zu ihrem Schutze) teils in den Städten, teils auf dem Lande.
Nicht alle gehörten auch formell dem Ordensverband an, auch Helfta nicht. Was sie miteinander und mit den vielen, vielen anderen Zisterzienserinnenklöstern verband – mochten sie nun dem Orden unterstehen oder „nur" dem Bischof –, war

- die Befolgung der Regel des Ordensvaters Benedikt in der in Citeaux wieder eingeführten ursprünglichen Strenge unter der Leitung einer Äbtissin;
- der hohe Bildungsstand der Nonnen, der es erlaubte, junge Mädchen zu unterrichten und zum Teil regelrechte Schulen dem Kloster anzuschließen;
- ein intensiv gepflegtes Gebetsleben, das nicht wenige Mystikerinnen gerade in Zisterzienserinnenklöstern ihr Zuhause finden ließ;
- die Verpflichtung aller Nonnen zur Arbeit (Abschreiben und Illustrieren von Handschriften, Herstellen von Arzneien, Handarbeiten wie Weben, Spinnen und Sticken, Übernahme von Verwaltungsaufgaben). (Dabei wurden für die körperlichen Arbeiten in Haus und Garten auch Laienschwestern aufgenommen und für die „männerspezifischen" Arbeiten in der Landwirt-

schaft, im Weinbau und in den Klosterwerkstätten auch Laienbrüder angestellt oder von Männerklöstern der Umgebung „ausgeliehen". An der Spitze der Verwaltung stand meist ein „Praepositus = Propst", der das Kloster auch gegenüber Außenstehenden, etwa städtischen Behörden, vertrat.)

b) **Das Kloster Helfta**

In Halberstadt gab es seit 1208 ein Zisterzienserinnenkloster. Es gehörte zu denen, die dem Bischof unterstanden. Vor dort zogen im Jahre 1229 sieben „graue Schwestern" – so hießen die Zisterzienserinnen schon damals – nach Mansfeld. Der dortige Burgherr – Graf Burchard von Mansfeld – hatte sie gerufen. Er wollte ein Kloster errichten. Es sollte der Gottesmutter geweiht sein. Er selbst verpflichtete sich, für seinen Unterhalt zu sorgen, wofür die sieben Schwestern ihm ihr Gebet versprachen.
Nach fünf Jahren – 1234 – wurde das Kloster nach Rodarsdorf verlegt. Die Nähe der gräflichen Burg hatte offenbar zu viel Unruhe gebracht.
In Rodarsdorf wurde eine kaum 20 Jahre alte Nonne zur Äbtissin gewählt: Gertrud von Hackeborn. Sie sollte es 40 Jahre lang bleiben. Unter ihrer tatkräftigen Leitung wurde das Kloster zu einem Anziehungspunkt für viele Frauen, die ein gottgeweihtes Leben führen wollten.

Es waren ihrer so viele, dass man es sich leisten konnte, zwölf Schwestern nach Hedersleben zu entsenden, wo sie ein neues Kloster gründeten. Dennoch wurde Rodarsdorf zu eng. Zudem mangelte es an Wasser für die wachsende Kommunität. Ein erneuter Umzug war unausweichlich.
1259 erfolgte die Übersiedlung nach Helpede – heute Helfta. Die Äbtissin hatte ihre Brüder – die Edlen von Hackeborn – dazu bewegen können, ihr und ihren Nonnen ein dort gelegenes Gut zu überlassen und über das neu zu gründende Kloster die Schutzherrschaft zu übernehmen. Der Bischof von Halberstadt legte selbst den Grundstein für die neue Abtei. Gemeinsam mit dem Erzbischof von Magdeburg weihte er sie ein.
Es folgten Jahre eines äußeren und inneren Aufschwungs. Was den äußeren Aufschwung angeht, so war der Zulauf an Nonnen und Laienschwestern so groß, dass schon nach einigen Jahren die Klosteranlage um mehr als das Doppelte erweitert werden musste. Ein Nachbargehöft, das den Grafen von Mansfeld gehörte, ging in den Besitz des Klosters über mitsamt einem Weiher, einer Mühle und umfangreichen Ländereien. Was den inneren Aufschwung angeht, so entwickelte sich Helfta zu einem Zentrum der Kultur und der Mystik. Schon bald galt es als Krone der deutschen Frauenklöster.
Die Zisterzienser hatten seit den Tagen der Gründung des ersten Reformklosters in Citeaux die Notwendigkeit der manuellen und geistigen Arbeit wie-

der in Erinnerung gerufen. In Helfta hieß das konkret zunächst einmal, das Unumgängliche in Küche, Keller, Garten, Bäckerei, Wäscherei besorgen, Kranke und Alte pflegen, das Ganze verwalten. Es hieß aber auch Schreibarbeiten im Skriptorium erledigen (Bücher abschreiben, kostbare Buchmalereien anfertigen), Gesangsstunden geben bzw. an ihnen teilnehmen und nicht zuletzt Unterricht an der Klosterschule erteilen.

Eine Klosterschule war dem Konvent schon in Rodarsdorf angegliedert worden. Äbtissin Gertrud verschaffte ihr ein Bildungsniveau, von dem andere Klosterschulen (und damit auch die Klöster selbst) nur träumen konnten.

Als erstes lernten die Schülerinnen, zu lesen und zu schreiben und sich der lateinischen Sprache (die auch die Unterrichtssprache war) zu bedienen. War die Kenntnis des Lateinischen doch die Voraussetzung dafür, die Vulgata (die lateinische Bibel) und die Werke eines Augustinus, eines Gregor Magnus, eines Bernhard von Clairvaux sowie der mittelalterlichen Theologen zu lesen und zu verstehen.

Das achtjährige Studium an der Klosterschule selbst umfasste die sieben freien Künste, nämlich das Trivium (Grammatik, Rhetorik, Dialektik) und das Quadrivium (Arithmetik, Geometrie, Astronomie, Musik).

Junge Männer, die ihre Kenntnisse in den sieben freien Künsten durch den Erwerb des Magistergrades unter Beweis gestellt hatten, hätten daraufhin das Studium der Theologie aufnehmen können. Das aber war im Mittelalter den Frauen verwehrt. Eine Theologische Fakultät in Helfta zu eröffnen, war nicht möglich. Daran war auch nicht gedacht. Statt dessen erstrebte man den betenden, existenziell vollzogenen Zugang zu Gott. Von ihm wollte man sich persönlich ansprechen lassen – in den Worten der allmorgendlich gefeierten Eucharistie, des sieben Mal am Tage verrichteten Chorgebetes und der täglichen Lesung im Kapitelsaal (aus der Bibel, aus der Regel des Ordensvaters Benedikt, aus Texten der Kirchenväter, aus Heiligenbiografien).

Gott auf diese Weise zu begegnen, weniger mit dem Verstand, als vielmehr mit dem Herzen, und ihn je mein Du sein zu lassen, das kann man nicht lernen, weder auf einer Schule noch an einer Theologischen Fakultät. Das muss man sich schenken lassen. Und Helfta wurde berühmt als Heimstätte der drei heiligen Frauen, denen dieses in besonderer Weise geschenkt wurde: Mechthild von Magdeburg, Mechthild von Hackeborn, Gertrud von Helfta.

Sie zeichnen in ihren Schriften nicht das Bild eines Gottes, den man haben, auswendig lernen, mit nach Hause nehmen kann, sondern das Bild eines Gottes, der beglücken, trösten, aufatmen lassen will.

Ihre Theologie ist keine fein säuberlich nach Themen geordnete Summe wie etwa die des großen Thomas von Aquin. Sie ist eine Beschreibung mystischer Erlebnisse, eine Bezeugung der erlebten und erlittenen Anwesenheit Gottes, ein Jauchzen, ein Weinen, ein Stammeln, das mehr verhüllt als es zu enthüllen vermag.

Die Blütezeit von Helfta dauerte nicht lange. 1342 – vierzig Jahre nach dem Tode Gertruds der Großen – wurde das Kloster Opfer der Halberstädter Bischofsfehde. Es war Albrecht von Braunschweig, dessen Soldaten das Kloster in Brand steckten, verwüsteten, plünderten, und das aus Rache dafür, dass der Papst sich geweigert hatte, ihn als Bischof von Halberstadt anzuerkennen.

Die Nonnen sahen sich gezwungen, den Trümmerhaufen zu verlassen. Dank der Großzügigkeit des Grafen Burchard IV. von Mansfeld – des Vaters der damaligen Äbtissin – konnten sie in der unmittelbaren Nähe von Eisleben eine neues Kloster errichten, Neu-Helfta. Dieses bestand bis zum Jahre 1525. In den Wirren der Bauernkriege wurde auch dieses zerstört. Die inzwischen klein gewordene Schwesternschar musste es verlassen. Sie versuchte zunächst, in den Gebäuderesten von Alt-Helfta ein klösterliches Leben zu führen. Doch wenige Jahre später mussten sie weichen. Das Klostergut – Grundbesitz und Häuserreste – wurde säkularisiert. Mehrmals wechselte es den Besitzer. Schließlich (1712) wurde es königlich-preußische Staatsdomäne. Kirche und Kloster verfielen vollends. Neue Gebäude für die landwirtschaftliche Nutzung wurden errichtet. Zu guter Letzt – nämlich zu DDR-Zeiten – wurde aus der Domäne ein VEG – volkseigenes Gut – genannter landwirtschaftlicher Großbetrieb. Neue Stallungen und Lagerräume entstanden. In die Kirchenruine wurden gar Garagen eingebaut. Dass hier einmal ein Kloster gewesen war, schien endgültig der Vergangenheit anzugehören.

3. *Frauenmystik im 13. Jahrhundert*

Mystik hat es zu allen Zeiten gegeben. Was für das 13. Jahrhundert kennzeichnend ist (und staunen lässt), das ist die Tatsache, dass es so viele mystische Erfahrungen gleichzeitig gibt und dass es vor allem Frauen sind, die diese Erfahrungen machen – Beginen zumal und Zisterzienserinnen. Einige erreichten einen gewissen, zum Teil sogar großen Bekanntheitsgrad. Von anderen weiß man kaum mehr als den Namen.
Zu den bekannteren gehören Maria von Oignies, Hadewijk von Antwerpen, Beatrix von Nazareth, Odila von Löwen, Margaretha Ebner, Marguérite von Porète und vor allem die drei Mystikerinnen von Helfta, Mechthild von Magdeburg, Mechthild von Hackeborn und Gertrud die Große, denen – gewissermaßen als Vorläufer aus dem 12. Jahrhundert – noch Hildegard von Bingen und Elisabeth von Schönau hinzuzurechnen wären. Zu den weniger bekannten, lange Zeit vergessenen gehört Margareta von Magdeburg. Erst in den neunziger Jahren des zwanzigsten Jahrhunderts gelang es, in ihr eine Mystikerin – und zwar eine ganz bedeutende – des 13. Jahrhunderts wiederzufinden.[9]
Diese Frauenmystik war gewiss eine gesamteuropäische Erscheinung. Ihr Schwerpunkt lag jedoch im niederländischen und niederdeutschen Raum. So kommt es, dass durch die Schriften dieser Mystike-

rinnen – Briefe, Traktate, Gedichte – die (nieder-) deutsche Sprache eine ungeahnte Erweiterung und Verschönerung erfuhr. Einerseits vermochten sie auch in der Volkssprache Geistliches auszusagen, was bis dahin dem Lateinischen vorbehalten war, so dass Arnold Angenendt schreiben konnte: „Erst die hochmittelalterliche Frauenmystik hat die deutsche Sprache neuschöpferisch so erweitert, daß sie Geistliches adäquat auszudrücken vermochte."[10] Andererseits schufen sie in ihren Dichtungen (so in den fast höfischen Minneliedern der Hardewijch) und ihrer rhythmischen Prosa (so in den Aufzeichnungen Mechthilds von Magdeburg) Werke, die zu dem Schönsten, Ergreifendsten und Bleibendsten der mittelalterlichen Sprache gehören.

Dabei teilt diese Frauenmystik die Not aller Mystik, nämlich die Unmöglichkeit, das Gehörte, Geschaute, Erfahrene adaequat zum Ausdruck zu bringen. „Alles war so voll Geheimnis, daß ich nur noch stammeln konnte", bekennt Johannes vom Kreuz.[11]

Gertrud die Große wird nicht müde, immer aufs neue zu betonen: „Selbst wenn alle Fähigkeiten und Kräfte der Engel und Menschen in einer Wissenschaft vereinigt werden könnten, kein einziges ihrer Worte vermöchte auch nur den lichtesten Schatten Deiner heiligen Erhabenheit zu beschreiben." (II, 8; L 28)[12] „Hätte ich die Beredsamkeit aller Redner für alle Tage meines Lebens, so könnte ich dennoch niemals dieses beglückende Dich-Schauen wiedergeben, wenn nicht Deine Gnade, mein Gott, ... mich dazu befähigt hätte." (II, 21; L 49) „Das Licht der Gottheit bleibt unfaßbar und unerschöpft; es ist jenseits allen Erkenntnisvermögens und aller Verstandeskraft." (II, 30; L 117)

Was aber diese Frauenmystik in besonderer Weise charakterisiert, lässt sich am treffendsten mit Erlebnismystik bezeichnen. Gewiss, auch bei manchen Frauen findet man rationale Analysen des Geschauten – wie bei Juliana von Norwich und im 12. Jahrhundert bei Hildegard von Bingen. Das Exerzitienbuch Gertruds der Großen wurde sogar hinsichtlich seines Gedankenreichtums mit Dionysius dem Areopagiten und hinsichtlich seiner Klarheit mit Thomas von Aquin verglichen.[13] Aber im allgemeinen blieb doch das rationale, theoretische Denken und Sprechen über Gott den Männern vorbehalten.

Eine geradezu klassische Beschreibung dessen, was mystisch begnadeten Frauen widerfuhr und wie dieses sich äußerte, verdanken wir dem schon mehrfach zitierten Jakob von Vitry. Er lernte als Beichtvater und geistlicher Betreuer eine ganze Reihe von frommen Frauen im Gebiet des heutigen Belgien kennen (insbesondere Maria von Oignies) und unterstützte sie in ihrem Bemühen, ein religiöses Leben zu führen, sei es innerhalb, sei es außerhalb einer klösterlichen Gemeinschaft. An Fulko, Bischof von Toulouse, schrieb er:

„Du hast auch einige Frauen gesehen, die in so besonderer und wunderbarer Liebesergriffenheit zu Gott aufgehen, daß sie vor Verlangen krank wurden... Sie hatten keinen anderen Grund für ihre Krankheit als Ihn, aus Verlangen nach Dem ihre Seelen vergingen ... Um wie vieles sie im Geiste gestärkt wurden, um so vieles wurden sie am Leibe geschwächt. Im Herzen riefen sie – mochten sie es auch anders mit der Stimme verheimlichen –: ‚Stützt mich mit Blumen, stärkt mich mit Äpfeln, denn krank bin ich vor Liebe'. (Cant. 2,5)... Die eine aber empfing eine so große Gabe der Tränen, daß, sooft Gott in ihrem Denken war, der Tränenstrom vor Andacht aus ihren Augen floß, so daß an den Wangen Tränenspuren durch das häufige Herabfließen erschienen. Trotzdem machten sie den Kopf nicht leer, sondern erfüllten den Verstand mit einer gewissen Stärke, versüßten den Geist mit lieblicher Salbung, erfrischten sogar den Leib wundersam... Die anderen aber wurden von solcher Geistestrunkenheit aus sich entrafft, daß sie in jener heiligen Stille fast den ganzen Tag ruhten, solange der König an seinem Tafelplatz war und sie weder Wort noch Sinn für irgendein Äußeres hatten. Der Friede Gottes überwältigte und begrub ihre Sinne nämlich so, daß sie bei keinem Geschrei aufwachen konnten und sie überhaupt keine körperliche Verletzung, sogar wenn sie heftig gestoßen wurden, spürten... Ich sah eine andere, die öfters fünfundzwanzig Mal am Tage außer sich entrafft wurde... Wenn sie zu sich zurückkehrte, wurde sie von solcher Freude erfüllt, ... daß sie ... gezwungen war, die innerliche Freude mit körperlichem Tanz zu zeigen, wie David bei der Bundeslade sprang nach jenem Vers: ‚Mein Herz und mein Fleisch jauchzen zum wahren Gott.'"[14]

Mittelpunkt der Spiritualität dieser Frauen war die intensiv erlebte Begegnung mit dem menschgewordenen Gottessohn, zumal mit dem leidenden – sei es mit dem weinenden Kind in der Krippe, sei es mit dem zum Tode verurteilten, sein Kreuz tragenden und schließlich am Kreuz sein Leben hingebenden Schmerzensmann. Es war für sie eine Begegnung nicht distanziert mit dem kühlen Verstand, sondern mit dem vor Liebe und Mitleid sich verzehrenden Herzen.

Den Anstoß zu einer solchen Erlebnis- und Begegnungsmystik hatte ein Mann gegeben: Bernhard von Clairvaux (gest. 1155). Hatte das frühe Mittelalter noch Christus vornehmlich als König, als Herrscher, als Triumphator gesehen, so lehrte Bernhard, ihn als den zu sehen, der sich um unseretwillen erniedrigt hat, einer von uns geworden ist, arm und ohne irdische Bleibe (im Gegensatz zu den Füchsen, die ihre Höhlen, und zu den Vögeln, die ihre Nester haben), und der zum Schluss in Schimpf und Schande und unter tausend Qualen den Sklaventod sterben musste.

Bernhard war es auch, der das alttestamentliche Hohelied der Liebe als Ausdruck der Liebe zwischen Jesus, dem göttlichen Bräutigam, und der Einzelseele verstehen ließ und nicht mehr als Ausdruck der Liebe zwischen Gott und seinem Volk (Israel im Alten Bund, der Kirche im Neuen Bund). Was Bernhard in seinen Predigten zum Hohenlied verkündete, erschien vielen Frauen als direkte Aufforderung, sich mit der Braut des Hohenliedes zu identifizieren und damit Braut Jesu von Nazaret zu sein.

Was Bernhard diesen Frauen bedeutete, zeigt Ulrich Köpf an zwei nach seinen eigenen Worten ziemlich willkürlich ausgewählten Beispielen. Wörtlich schreibt er:

„In Gertruds von Helfta ‚Legatus divinae pietatis' und in Mechthilds von Hackeborn ‚Liber specialis gratiae' sind Bernhard umfangreiche Kapitel gewidmet. Beide schildern Offenbarungen, die sie im Zusammenhang mit Bernhards Fest am 20. August während der Messe empfangen haben…

Gertrud sieht Bernhard angetan mit Kleidern in drei verschiedenen Farben: dem Weiß der jungfräulichen Reinheit, dem Violett der Vollkommenheit in der Lebensführung und dem Rot der Liebesglut. Hinter diesem Bild steht die alte Vorstellung von den drei Stufen des mystischen Weges von der Reinigung über die Bewährung in Werken und Erkenntnis bis zur Vereinigung in der Liebe, den Bernhard in den ersten Hoheliedpredigten dargestellt hat… Mechthild berichtet zunächst von einer Audition, in der ihr die einzigartige Geistbegabung des Heiligen geoffenbart wurde… Eine anschließende Vision des Heiligen in farbenprächtiger Stola weist auf seine Reinheit und Tugendhaftigkeit hin; andere Erscheinungen stellen seine liebeerfüllte Persönlichkeit und seine glänzende schriftstellerische Tätigkeit dar."[15]

III. Was die Zeiten überdauert

1. Das Glaubenszeugnis Mechthilds von Magdeburg

a) Ihr Leben

Viel wissen wir nicht von ihrem Leben, nicht einmal genau, wann und wo sie geboren ist. Genannt wird das Jahr 1207. Andere nennen das Jahr 1210. Und als Ort wird angegeben eine Burg irgendwo im Erzbistum Magdeburg. Dass sie weiß, wie es auf einer Burg, ja überhaupt in der höfisch-ritterlichen Welt zugeht, verraten ihre Schriften. Deshalb dürfte die Vermutung nicht abwegig sein, dass ihre Eltern wohlhabend und adelig waren.

Doch das, was den Ablauf ihres Lebens bestimmte, war nicht ihre Herkunft und das Leben auf einer der vielen Burgen, mit denen die Bistümer Magdeburg und Halberstadt zu ihrer Zeit übersät waren. Es war vielmehr ein Ereignis, das ihr im Alter von 12 Jahren widerfuhr. Da wurde sie, wie sie selber schreibt (IV, 2), zum ersten Mal vom Heiligen Geist „gegrüßt". Dass sie keine hohe Bildung besaß, weder die lateinische Sprache beherrschte noch über schulmäßiges theologisches Wissen verfügte, dass sie nach eigenen Worten ungelehrt und unwissend war, spielte keine Rolle.

Sie ließ sich von dem führen, der sie ihrer eigenen festen Überzeugung nach von sich aus und ohne ihr Zutun „gegrüßt" hatte und der nicht aufhörte, sie zu „grüßen".

Mit etwa zwanzig Jahren verlässt sie das Elternhaus, ihre Freunde, ihre Chancen auf ein Leben in Reichtum und Ehre. Sie zieht in das unbekannte Magdeburg. Arm und zurückgezogen verbleibt sie rund vierzig Jahre in einer Gemeinschaft von frommen Frauen, die sich dem Gebet und karitativen Tätigkeiten widmeten. Beginen waren es. Seit etwa 1230 gab es sie auch in Magdeburg – also genau seit der Zeit, wo Mechthild nach einer Bleibe suchte und nach einer Möglichkeit, als Frau ein religiöses Leben zu führen. Es scheint, dass Dominikaner diese Frauen seelsorglich betreuten und ihre Beichtväter waren. Ihr Beichtvater war es auch, der Mechthild veranlasste, niederzuschreiben, was sie sah, verspürte, erfuhr und was ihr Denken, Sinnen und Trachten ganz und gar erfüllte und was sie von sich aus aufzuzeichnen sich nicht getraute, obwohl ihr immer deutlicher wurde, dass dies Gottes Wille sei.

Man wird auf Mechthild aufmerksam. Was sie schreibt und was sie sagt, gefällt nicht allen. Es fällt aus dem Rahmen. Manche sehen in ihr eine unbequeme Mahnerin, womöglich gar Häretikerin. Da zieht sie es vor, Magdeburg zu verlassen. Sie findet Aufnahme in der Zisterzienserinnenabtei Helfta. Das mag gegen 1279 gewesen sein. Bis zu ihrem Tode (um 1290) bleibt sie dort: hochverehrt und Lehrerin der jüngeren Mechthild von Hackeborn und Gertrud von Helfta.

b) Ihre Schriften

Mechthild brachte das, was sie mit den Augen und Ohren des Herzens gesehen und gehört hatte, in dem mittel-niederdeutschen Dialekt ihrer Zeit und ihrer Umgebung zu Papier. Der Dominikaner Heinrich von Halle fasste es in sechs Büchern zusammen und gab ihnen den Titel „Das fließende Licht der Gottheit". Ein siebtes Buch fügte Mechthild während der Jahre hinzu, die sie in Helfta verbrachte.
Das Original dieser sieben Bücher ist nicht mehr vorhanden. Es existieren jedoch eine alemannische und eine lateinische Übersetzung. Die alemannische stammt von einem Weltpriester namens Heinrich von Nördlingen. Er lebte in der ersten Hälfte des 14. Jahrhunderts. Für ihn war das, was er übersetzte, „das wundervollste Deutsch und die zutiefst berührende Frucht der Minne, von der ich je in deutscher Sprache las"[16]. Seine Übersetzung blieb lange Zeit verschollen. Erst 1861 wurde sie in der Stiftsbibliothek von Einsiedeln wiedergefunden. Der dortige Bibliothekar veröffentlichte sie einige Jahre später (1869) in Regensburg. Eine neue Herausgabe von Hans Neumann (München 1990) löste diese Veröffentlichung ab.
Die lateinische Übersetzung wurde schon bald nach Mechthilds Tod angefertigt. Dabei wurde der ur-

sprüngliche Text etwas „geglättet" und nach sachlichen Gesichtspunkten systematisch „geordnet" – wodurch er verständlicherweise einiges von seiner kraftvollen Unmittelbarkeit einbüßte. Diese Übersetzung ist uns in zwei Handschriften überliefert. Eine stammt aus dem Ende des 13. oder Anfang des 14. Jahrhunderts, eine aus dem 15. Jahrhundert. Beide landeten in der Universitätsbibliothek Basel. Aufgrund dieser Handschriften gaben die Benediktiner von Solesmes die lateinische Bearbeitung des „fließenden Lichts der Gottheit" 1877 als zweiten Band der „Revelationes Gertrudianae et Mechthildianae" in Buchform heraus. In diesem Jahrhundert erschienen nun auch neuhochdeutsche Übersetzungen, zuletzt (1995) die von Margot Schmidt, die neben einer ausführlichen Einleitung auch einen umfangreichen Kommentar enthält. Dabei legte sie den allemannischen Text zugrunde. Nur dort, wo es zur Erhellung des Originals notwendig schien, berücksichtigte sie auch die lateinische Übersetzung und entnahm dieser eigens kenntlich gemachte Zusätze.

c) Ihre Botschaft

Da ist eine Frau. Sie reiht Zeile an Zeile. Sie schreibt ein ganzes Buch. Es endet mit den Worten: „Was in diesem Buch geschrieben steht, ist von der lebendigen Gottheit ausgeflossen in Schwester Mechthilds Herz." (VI, 43)

In der Tat handelt dieses Buch von der lebendigen Gottheit und dem, was von dieser ausgeflossen ist. Das aber heißt doch: von dem, den man nicht sehen, nicht begreifen, nicht haben kann. „Wie gute Augen ein Mensch auch hat, er kann über eine Meile Weges nicht hinaussehen", schreibt sie selbst (VI, 31) und fügt hinzu: „Man kann göttliche Gabe mit menschlichen Sinnen nicht begreifen... Was man mit fleischlichen Augen sehen, mit fleischlichen Ohren hören, mit fleischlichem Mund sprechen kann, das ist der offenen Wahrheit der liebenden Seele so ungleich wie ein Wachslicht der klaren Sonne." (VI, 36)

Der offenen Wahrheit? Göttliche Gabe? Es gibt also noch etwas jenseits unseres Horizonts, jenseits unseres begrenzten Vermögens zu sehen, zu hören, in Worte zu fassen? Ja, und eben das will sie uns kundtun. Denn auch das sagt sie. „Die liebende Seele, die alles liebt, was Gott liebt, und alles haßt, was Gott haßt, besitzt ein Auge, das Gott erleuchtet hat. Damit sieht sie in die ewige Gottheit." (VI, 31)

Ihr ist widerfahren, was auch Paulus widerfahren ist, der bis in den dritten Himmel entrückt wurde (2 Kor 12,2), oder Mose, der auf dem Gottesberg Gott selber schaute (Ex 19,3 und 24,9f). Darum schreibt sie: „Paulus, ich bin wunderbar entrückt mit dir und habe ein so wunderbares Haus gesehen, und nichts erstaunt mich mehr, als daß ich seitdem noch ein lebendiger Mensch sein kann." (II, 24) Und wieder und wieder sucht sie zu erläutern, was im Grunde unaussprechlich ist: „Aber wenn der endlose Gott die

grundlose Seele in die Höhe reißt, dann vergißt sie die Erde über diesem Wunder und weiß nicht mehr, daß sie je auf Erden war. – Wenn das Spiel am allerschönsten war, muß man es lassen. Dann spricht der blühende Gott: ‚Jungfrau, Ihr müßt niedersteigen.' Da erschrickt sie und weint über ihre Verlassenheit. Sie sagt dann: ‚Lieber Herr, es muß so sein, wie der Gebieter es befiehlt.'
Und sie seufzt so gewaltig, daß der Leib geweckt wird." (I, 2)
Wie Paulus fühlt auch sie sich gedrängt weiterzusagen, wovon ihr Herz übervoll ist.
„Ich habe dort unerhörte Dinge gesehen… Ich fürchte aber Gott, wenn ich schweige…" (III, 1) So beginnt darum das erste Buch: „Dieses Buch soll man mit Freude entgegennehmen, denn Gott selbst spricht die Worte." Und es folgt noch der Satz: „In diesem Buch werden alle Betrübten und Verwirrten Trost finden."[17]
Mit Freuden entgegennehmen? Trost finden? Bruder Heinrich greift eben dieses auf. In seinem Vorwort gibt er der Hoffnung Ausdruck, dass „alle, die dieses Buch … lesen…, Mehrung des Trostes und der Gnade gewinnen"[18].
Mechthilds Buch also ein Trostbuch? Ein Trostbuch auch für uns? Für uns, die wir im Übermaß Enttäuschungen erleben, Einsamkeit, Krankheit, Tod? Uns, denen kein Gott erscheint, um uns beseligende Entrückungen erleben zu lassen wie die, von denen Mechthild schwärmt?

Auf diese Fragen gibt uns Mechthilds Buch sieben Antworten:

(1) Diese Welt und dieses Leben sind nicht alles. Es gibt noch eine andere Welt.
(2) Diese andere Welt ist schön, berauschend schön.
(3) Sie ist nicht eine Welt jenseits der Sterne, fern von uns und ohne Beziehung zu uns.
(4) Sie ist vielmehr eben das, was unser Herz ersehnt, wofür wir geschaffen sind, worauf wir warten und was allein unseren Hunger stillen kann.
(5) Und gleicherweise sehnt sich diese Welt nach uns. Sie will uns heimholen zu sich. Sie will uns teilnehmen lassen an ihrem Glück.
(6) Ja, sie steigt selbst zu uns herab, um unser Los zu teilen, um unser Los auf diese Weise zu verwandeln – weil es ja jetzt das Los des Jenseits selber ist.
(7) Denn der, der zu uns herabgestiegen ist, ist auferstanden – als erster der Entschlafenen, als der neue Adam, als Herr der ganzen Schöpfung. So wie er unser Erdenlos geteilt hat, so soll die Erde sein himmlisches Los teilen.

Nun könnte einer sagen, das seien lauter Sprüche, Sprüche zudem, die man in jedem Katechismus und in jeder Dogmatik nachlesen kann. Das mag stimmen. Aber ebenso stimmt das andere: Das, was Mechthild uns sagt, ist lebendiger, glühender, mitreißender. Es ist nicht trockene Stubengelehrtheit. Es ist das verzehrende Feuer eines liebenden Herzens. Darum seien ihre

sieben Antworten auch, soweit es eben geht, mit
Mechthilds eigenen Worten wiedergegeben.

(1) Es gibt noch eine andere Welt

Mechthild ist da wie der Sänger des 95. Psalms. Er lädt
ein zu jubeln und zu jauchzen. Und warum? Weil wir
nicht alleine sind. Weil diese Erde nicht alles ist. Weil
es noch mehr und anderes gibt, den, der groß und
mächtig ist und der das Ganze trägt: Gott.

So singt der Psalmist:

> *„Kommt, laßt uns jubeln vor dem Herrn*
> *und zujauchzen dem Fels unsres Heiles!*
> *Laßt uns mit Lob seinem Angesicht nahen,*
> *vor ihm jauchzen mit Liedern!*
>
> *Denn der Herr ist ein großer Gott,*
> *ein großer König über allen Göttern.*
> *In seiner Hand sind die Tiefen der Erde.*
> *Sein sind die Gipfel der Berge.*
> *Sein ist das Meer, das er gemacht hat,*
> *das trockene Land, das seine Hände gebildet."*

Und so schreibt Mechthild:

> *„Gott ließ mich nirgends allein. Er brachte mich in so*
> *wonnigliche Süßigkeit, in so heilige Erkenntnis und in*
> *so unbegreifliche Wunder, daß ich irdische Dinge wenig*
> *brauchen konnte." (IV, 2)*

Und sie hört Gott sagen:

> *„Die lichte Sonne meiner ewigen Gottheit*
> *bescheint dich mit dem verborgenen Wunder meiner*
> *Seligkeit...*
> *Dann denkst du nicht mehr an dein Herzeleid." (II, 26)*

Und sie lässt ihre eigenen Sinne sprechen:

> *„Unsere Herrin, die Seele, hat geschlafen von Jugend auf,*
> *nun wacht sie im Lichte der offenen Liebe auf.*
> *In diesem Lichte schaut sie rings umher,*
> *wie er sei, der sich ihr zeigte,*
> *und was das sei, was man zu ihr spreche.*
> *Da schaut sie wahrhaftig und erkennt,*
> *wie Gott alles ist in allen Dingen."*

Und sie zieht unverzüglich daraus die Konsequenz:

> *„Nun leg ich allen Kummer nieder." (II, 19)*

(2) Diese andere Welt ist berauschend schön

Für Mechthild ist sie wie Musik, deren Zauber sie in Verse zu bannen weiß:

> *„Wenn mein Herr kommt, gerate ich außer mir.*
> *Denn er bringt mir manchen süßen Saitenklang...*
> *Und sein Saitenspiel ist voller Süßigkeit;*
> *damit nimmt er mir alles Herzeleid." (II, 2)*

Und sie wird nicht müde, diese andere Welt zu besingen, zu loben, zu preisen, anzubeten. Ist diese Welt doch nicht ein Etwas, sondern ein Jemand, ein Du, einer, zu dem man sprechen und der einem zuhören kann:

„O du brennender Berg!
O du auserwählte Sonne!
O du voller Mond!
O du grundloser Bronnen!
O du unerreichbare Höhe!
O du Klarheit ohne Maß!
O du Weisheit ohne Grund!" (I, 8)

„Du bist das Licht über allen Lichtern,
du bist die Blume über allen Kronen,
du bist die Salbe für alle Schmerzen,
du bist die unwandelbare Treue ohne Trug,
du bist der Herr in allen Wohnungen." (II, 10)

„Herr, du bist die Sonne aller Augen,
du bist die Wonne aller Ohren,
du bist die Stimme aller Worte,
du bist die Kraft aller Frommen,
du bist die Lehre aller Weisheit,
du bist das Leben alles Lebenden,
du bist die Ordnung alles Seienden.!" (III, 2)

(3) **Diese Welt ist nicht eine Welt jenseits der Sterne, fern von uns und ohne Beziehung zu uns.**

Von dem, den Mechthild ihren Herrn und ihren Gott nennt, gilt nicht das, was Hölderlin von den Himmlischen sagte:

> *„Ihr wandelt droben im Licht*
> *Auf weichem Boden, selige Genien!…*
> *Schicksallos, wie der schlafende Säugling…"*

Hölderlins selige Genien rührt das Schicksal der Sterblichen nicht. Wie anders ist da der Himmel, dem Mechthild begegnete und der ihr begegnete!

> *„Lebendiger Gott, du sollst gegrüßt sein!*
> *Du bist vor allen Dingen mein.*
> *Eine endlose Freude ist es mir.*
> *Ich kann ohne Falsch reden mit dir.*
> *Wenn mich meine Feinde jagen,*
> *fliehe ich in deine Arme zu dir.*
> *Dort kann ich all meine Leiden klagen,*
> *wenn du dich neigen willst zu mir." (V, 17)*

Sie erfährt auch, wie Gott sich zu ihr neigt und ihr versichert:

> *„Eia, du liebe Taube,*
> *deine Stimme ist ein Saitenspiel meinen Ohren;*
> *deine Worte sind wie Gewürze in meinem Mund." (I, 2)*

(4) **Diese andere wunderbare neue Welt, die Gott heißt, ist das Ziel unserer Sehnsucht. Für diese Welt sind wir geschaffen. Sie allein gibt uns Antwort auf unsere abertausend Fragen.**

Mechthild klagt:

„Wie weh ist mir nach dir...
Würde jedes Geschöpf mit mir klagen,
sie könnten es nie genug sagen...
Ich suche dich in Gedanken...
ich rufe nach dir in großem Verlangen...
ich harre dein in Herzensbangen...
ich jage nach dir mit aller Macht." (II, 25)

Das Verlangen nach Gott ist für sie nichts Aufgepfropftes. Es ist des Menschen Natur – ganz so wie es zur Natur des Fisches gehört, im Wasser zu schwimmen, und zur Natur des Vogels, in den Lüften zu fliegen.

„Der Fisch kann im Wasser nicht ertrinken,
der Vogel in den Lüften nicht versinken...
Gott hat allen Kreaturen das gegeben,
daß sie ihrer Natur gemäß leben.
Wie könnte ich denn meiner Natur widerstehn?
Ich muß von allen Dingen weg zu Gott hingehn." (I, 44)

Die mittelalterlichen Theologen – Thomas an der Spitze – sprechen von einem natürlichen Verlangen (desiderium naturale) nach dem Übernatürlichen, und Kardinal Carlo Martini, der Erzbischof von Mailand, erläutert, dass all unser Verlangen nach Frieden, Freiheit und Gerechtigkeit letztlich in dem Verlangen nach Gott gründet. Er verweist dazu auf den Psalmisten, der schreibt „Dein Antlitz suche ich, o Herr", und auf das Wort des großen Augustinus von dem menschlichen Herzen, das unruhig bleibt, bis es seine Ruhe findet in Gott; denn auf sich hin hat Gott es geschaffen.[19]

Er hätte ebenso auf Mechthild verweisen können. Denn von ihr stammen nicht nur die soeben zitierten Verse, sondern auch andere, nicht minder eindringliche, etwa diese:

> *„Herr, meine Pein ist tiefer als der Abgrund,*
> *mein Herzeleid ist weiter als die Welt,*
> *meine Furcht ist größer als die Berge,*
> *meine Sehnsucht reicht höher als die Sterne."*

Oder auch die folgenden:

> *„Herr, du bist mein Geliebter,*
> *meine Sehnsucht."*

Und sie nennt eben diese Verse „eine Hofreise der Seele, die ohne Gott nicht sein kann" (I, 4). Sie hat es mit Schmerzen erfahren!

Sagt sie doch:

> *"Herr, ich harre dein mit Hunger und mit Durst." (II, 6)*

> *"Ich habe nach dem himmlischen Vater einen Hunger, in ihm vergesse ich allen Kummer." (III, 3)*

Erst recht verspürt sie Hunger und Durst und übergroße Sehnsucht, nachdem sie verkosten durfte, was nur wenigen zu verkosten beschieden ist, nämlich von Gott – und das heißt: von dem heißen Atem der göttlichen Liebe – berührt worden zu sein. Das befähigt sie zu schreiben, nein, zu singen:

> *"Ich kann nie mehr von der Liebe kehren.*
> *Ich muß mich ihr gefangen geben,*
> *ich kann anders nicht mehr leben.*
> *Wo sie ist, da muß ich sein,*
> *sowohl im Leben wie im Sterben." (I, 28)*

(5) So wie der Mensch sich sehnt nach Gott, so sehnt sich auch Gott nach dem Menschen.

Auch hier brauchen wir nicht Augustinus zu bemühen, der uns in seinen „Bekenntnissen" versichert, dass Gott selbst der Suchende ist[20] – wie der Hirte, der dem Verlorenen nachgeht (vgl. Lk 15,3 ff).

> *"Herr, du bist allzeit krank nach mir",*

bekennt Mechthild (III, 2), und die folgenden Verse spricht nicht etwa sie zu Gott. Vielmehr legt sie sie Gott in den Mund und führt sie durch entsprechende Überschriften ein, nämlich

zunächst:

„Gott vergleicht die Seele vier Dingen

Du schmeckst wie eine Weintraube,
du duftest wie ein Balsam,
du leuchtest wie die Sonne,
du bist ein Wachstum meiner höchsten Minne." (I, 16)

sodann:

„Gott vergleicht die Seele fünf Dingen

O du schöne Rose im Dorne!
O du fliegende Biene im Honig!
O du reine Taube in deinem Sein!
O du schöne Sonne in deinem Schein!
O du voller Mond in deinem Stande!
Ich kann mich nicht von dir wenden." (I, 18)

und schließlich:

„Gott liebkost die Seele in sechs Dingen

Du bist mein überaus sanftes Lagerkissen,
mein innigstes Minnebett,
meine heimlichste Ruhe,
meine tiefste Sehnsucht,
meine höchste Herrlichkeit.
Du bist eine Lust meiner Gottheit,
ein Durst meiner Menschheit,
ein Bach meiner Hitze." (I, 19)

Das alles klingt unerhört, und doch bekräftigt Mechthild es auch anderer Stelle, etwa wenn sie Gott sagen lässt (richtiger: wenn sie Gott sagen hört):

*„Du bist meiner Sehnsucht Liebesfühlen,
du bist meiner Brust ein süßes Kühlen,
du bist ein inniger Kuß meines Mundes,
du bist eine selige Freude meines Fundes!" (III, 5)*

Und auch das sagt Gott zu ihr (und ja doch nicht nur zu ihr, genauso wenig wie das, was Augustinus uns bekennt, nur für ihn selber gilt):

*„Daß ich dich überaus liebe, das habe ich von Natur,
weil ich die Liebe selber bin.
Daß ich dich oftmals liebe, hab ich von meiner Sehnsucht,
weil ich ersehne, daß man mich herzlich liebt.
Daß ich dich lange liebe, kommt von meiner Ewigkeit,
weil ich ohne Anfang und ohne Ende bin." (I, 24)*

Und was der Mensch Gott wert ist, erfährt Mechthild duch die Worte, mit denen Gott die liebende Seele rühmt:

*„Du bist ein Licht vor meinen Augen,
du bist eine Harfe meinen Ohren,
du bist ein Klang meiner Worte,
du bist ein Gedanke meiner Heiligkeit,
du bist ein Ruhm meiner Weisheit,
du bist ein Leben zu meiner Lebendigkeit,
du bist eine Verherrlichung in meinem Sein." (III, 2)*

(6) **Gottes Liebe drängte ihn, unser Los auf sich zu nehmen und so zu verwandeln.**

Unser Los – auch und gerade unser Leid – ist jetzt das, was Gottes Sohn getragen hat. Leiden ist jetzt mit-leiden mit ihm.
Mit der Welt, so wie sie ist, stimmt etwas nicht. Wir sprechen von der Erbsünde und meinen damit, dass – was jeder sehen kann – ein Fluch auf ihr lastet. Doch um diesen Fluch von der Erde zu nehmen, wählt Gott nicht den Weg, seine Schöpfung zu widerrufen und in einer neuen Sintflut ertrinken zu lassen. Er wählt vielmehr den Weg, das Leid zu verwandeln, aus dem Fluch einen Segen zu machen. Er tut es, indem er selbst zum Fluch wird (Gal 3,13), das Leid auf sich nimmt, sich das Leidenskleid anzieht, wie Mechthild den Herrn sprechen lässt:

> *„Frau Pein!*
> *Ihr wart auf Erden meinem Leib*
> *von allem, was ich trug, das nächste Kleid,*
> *und aller Welt Schmachheit*
> *war mein kostbarster Mantel." (IV, 12)*

Er tat es aus Liebe zu uns:

> *„Sieh an deinen Bräutigam,*
> *den Herrn der Welt,"*

mahnt Mechthild, …

*"dir zuliebe empfing er viele brennende Wunden.
Dies laß in dein Herz eingehen." (VII, 27)*

Wunden empfangen, leiden müssen, nicht zurecht kommen auf dieser Erde heißt nun nicht mehr verflucht sein. Es heißt das Los dessen teilen, der um unsretwillen arm, verlassen, „verflucht" – einer von uns geworden ist. Mechthild sieht darin, „wie Gott" – Gott und nicht der Teufel oder ein anonymes Geschick! – „die Seele mit Leiden schmückt" und lässt darum die Seele sprechen:

*„Darum lassen wir die Klage;
es soll uns alles wohlbehagen,
was Gott (Gott!) mit uns getan." (VII, 65)*

Es soll uns alles wohlbehagen – auch das Leid? Ja, auch das Leid. Mechthild geht sogar soweit zu sagen:

*„Das ist der Toren Torheit:
Zu leben ohne Herzeleid." (I, 28)*

Das ist aber für sie nicht graue Theorie, sondern gelebtes Leben, besser: selbst erlittenes Leiden – seelisches und körperliches. Ihre Seele muss es leiden, dass sie sich selber verliert, weil Gott sie sich nimmt. Ihr Körper wird von Schmerzen heimgesucht und verfällt in ihren letzten Lebensjahren zusehends. Sogar des Augenlichts sieht sie sich beraubt. Doch statt zu klagen, betet sie:

> „Herr, ich dank dir, da du (du! Nicht irgendwer oder irgendwas! du!) mir die Macht meiner Augen genommen hast, daß du mir nun dienst mit fremden Augen.
> Herr, ich danke dir, da du mir die Macht meiner Hände genommen hast, daß du mir nun dienst mit fremden Händen...
> Herr, dein Lobpreis möge in meinem Herzen nie schweigen, in all meinem Tun, Lassen und Leiden. Amen." (VII, 64)

Sie ist sich bewusst:

> „Soviel wir hier Armut, Verachtung, Verstoßung und Pein leiden, soviel gleichen wir dem wahren Gottessohn, der in aller Geduld seine Leiden und Marter erlitt."
> (VI, 32)

Von denen, die hier Kümmernisse tragen, sagt der Herr selbst zu ihr:

> „Ich trug mein Kreuz mit ihnen,
> wenn sie bedrückt sind, sollen sie meiner gedenken.
> Ich wurde mit ihnen ans Kreuz geschlagen,
> darum mögen sie freudig leiden und nicht viel klagen.
> Ich befahl mit ihnen meinen Geist im Tod dem Vater."
> (VII, 53)

Schon in ihrem ersten Buch hatte Mechthild geschrieben:

> „Gott führt seine Kinder, die er erwählt, seltsame Wege. Das ist ein seltsamer und ein edler Weg und ein

heiliger Weg, den Gott selber ging: daß ein Mensch Pein leidet ohne Sünde und ohne Schuld." (I, 25)

Leiden ist der Weg, den Gott selber ging.

„Durch die edle Arbeit unseres Herrn und durch sein heiliges Leiden ist unsere christliche Mühe und unser williges Leben geadelt und geheiligt, so wie alle Wasser durch den Jordan geheiligt sind, in dem unser Herr getauft wurde." (VII, 34)

(7) **Leiden ist schließlich der Weg, mit Jesus aufzuerstehen.**

Wenn wir mit ihm leiden, werden wir auch mit ihm herrschen, wenn wir mit ihm sterben, werden wir auch mit ihm leben, versichert uns Paulus (Röm 6,8; 2 Tim 2,11f). Ein Gleiches versichert uns Mechthild. Sie lässt die Pein sprechen:

*„Ich führe manchen zum Himmelreich
und komme doch selber nie hinein." (IV, 12)*

Dass das Leiden zum himmlischen Hochzeitsmahl vorbereitet, zeigt sie mit dem Bild von dem Hochzeitskleid, das wir durch das Leid uns schon anlegen:

„Wenn wir krank sind, tragen wir die Hochzeitskleider, wenn wir aber gesund sind, tragen wir die Werktagskleider." (VII, 65)

Sie vernimmt, wie der Herr zu ihr spricht:

> *„Mein Vater gab mir sehr große Schmach.*
> *Aber danach schenkte er mir größere Ehre und unendliche Würde. Ebenso will ich dir meine Heilige Dreifaltigkeit schenken." (III, 16)*

Ein größeres Geschenk gibt es ja wohl nicht! Und was das bedeutet und was das alles beinhaltet, wird sie nicht müde, sich und uns in immer neuen Bildern zu veranschaulichen, die alle das eine besagen: ist Jesus auferstanden, so dürfen auch wir auf ein Auferstehen hoffen; so wie er unser Erdenlos geteilt hat, so sollen wir sein Himmelslos teilen.

Was das heißt? Mechthild hat es geschaut und uns mitgeteilt.

> *„Wenn einmal das Spiel sich entscheidet,*
> *so sehe man, wie die Waage sich neiget.*
> *Den herrlichsten Engel Jesu Christ,*
> *der ein ungeteilter Gott mit seinem Vater ist,*
> *und der da schwebt über den Seraphim,*
> *nehme ich in den Arm, wie gering ich auch bin,*
> *und esse und trinke ihn und tue mit ihm, was ich will."*
> *(II, 22)*

Das wird man gewiss in keinem Lehrbuch der Dogmatik finden. Und doch meint es dasselbe, was auch andere sagen könnten und was Mechthild einige Zeilen vorher aufgreift:

> *„Die geringste Seele ist*
> *die Tochter des Vaters*
> *und Schwester des Sohnes*
> *und Freundin des Heiligen Geistes." (II, 22)*

Doch Mechthild malt das Bild noch weiter aus:

> *„Die Seele ist mit ihrem Fleisch allein Hausherrin*
> *im Himmel und sitzt neben dem ewigen Hausherrn,*
> *dem sie am meisten gleicht.*
> *Da leuchtet Aug in Auge,*
> *und da fließt Geist in Geist,*
> *und da greift Hand zu Hand,*
> *und da redet Mund zu Mund,*
> *und da grüßet Herz zu Herz." (IV, 14)*

Dass Herz und Herz einander grüßen, was ist das anderes als die Erfüllung dessen, was Mechthild in ihrem letzten Buch schreibt:

> *„Da sprach der Mensch:*
> *‚Lieber Herr, ich kann mein Verlangen nicht zähmen,*
> *ich wäre so gern bei dir.'*
> *Da sprach unser Herr:*
> *‚Ich habe dich begehrt, bevor die Welt begann.*
> *Ich begehre dein,*
> *und du begehrst mein.*

*Wo zwei heiße Verlangen zusammenkommen,
da ist die Liebe vollkommen.'" (VII, 16)*

Hier erfüllt sich, was Mechthild in ihren Entrückungen vorwegnehmen durfte und was sie sprechen ließ:

„Ich freue mich, daß ich lieben muß den, der mich liebt, und ersehne es, tödlich zu lieben, maßlos ohne Unterlaß." (I, 28)

Nun möchte einer meinen, das Jenseits beinhalte doch nicht zuletzt Auferstehung zum Gericht, zum persönlichen zunächst, zum „jüngsten", dem allgemeinen, zum Schluss. Und wer erinnert sich nicht an die Sequenz „Dies irae – Tag des Zornes" – und sei es auch nur in der anmutigen Vertonung von Mozart! – und darin an die Worte:

*„Und ein Buch wird aufgeschlagen.
Treu darin ist eingetragen
jede Schuld aus Erdentagen."*

Was sagt Mechthild dazu?

Wenn etwas angerechnet wird, dann ist es Jesu Leid und unser Leid:

„Am Jüngsten Tage wird Jesus Christus vor seinem himmlischen Vater eine herrliche Waage emporhalten. Auf ihr wird sein heiliges Leid und seine unschuldige

Pein liegen und damit alle unschuldige Pein, Verachtung und alles Herzeleid, das je um Christi willen von Menschen gelitten wurde." (V, 3)

An diesem Tage wird die Seele zu ihrem Leibe sprechen:

*„Steh auf, mein Viellieber, und erhol dich
all deiner Leiden,
all deiner Wehtage,
all deiner Schmach,
all deiner Traurigkeit...
Der ewige Tag ist für uns aufgegangen,
an dem wir unseren Lohn empfangen." (VI, 35)*

Lohn? Wofür denn?

*„O viel Lieber! ...
gute Werke hab ich leider nicht,
unser beider Liebe verderbe ich,
deines seligen Wunders bin ich gar unwürdig." (I, 37)*

Worauf soll sie denn dann bauen?

*„Legtest du, ewiger Vater, den Riegel der Gerechtigkeit vor,
so unerbittlich vor das Himmeltor,
daß die armen Sünder darein nicht kommen sollten:
ich klagte es Jesus, deinem lieben Sohn.
Er hält den Schlüssel für dein göttliches Reich...*

> *Wird aber Jesus den Schlüssel wenden,*
> *kann der verworfene Sünder deine Gnade finden.*
> *Dies ist des himmlischen Vaters Antwort:*
> *‚Meine Seele kann es nicht ertragen,*
> *den Sünder von mir zu verjagen.*
> *Darum folge ich manchem so lange,*
> *bis daß ich ihn fange.'" (VI, 16)*

Wie aber ist es mit Gottes Gerechtigkeit, von der wir Menschen nur zu gerne erwarten, dass sie die Bösen straft? Ist er nun gerecht? Oder ist er barmherzig? Triumphiert seine Barmherzigkeit gar über seine Gerechtigkeit?

Mechthild hat eine Vision:

> *„Einer schritt allein auf dem Weg…*
> *Da sah er zwei Menschen vor ihm hergehen;*
> *der eine ging linker Hand,*
> *der andere rechter Hand des Weges.*
> *Da fragte der Mensch, wer sie seien und was sie täten.*
> *Der zur linken Hand sprach:*
> *‚Ich bin Gottes Gerechtigkeit,*
> *Gottes Gericht ward mir gegeben und ist mein,*
> *seit Adam im Paradies die Sünde beging.*
> *…*
> *Dann kam die Jungfrau, die bei mir ist*
> *und Gefährtin mir wurde;*
> *ihr Name ist Barmherzigkeit.*
> *Alle, die sie suchen und stets anrufen,*

die überwinden all ihr Herzeleid.
Sie ist sehr vollkommen
und hat mir mein Recht genommen.
Welche Sünde dem Menschen auch geschieht,
wer dann mit Reue zu mir flieht,
dem legt sie die sanfte Hand auf das Krumme,
und ich stehe da als die Dumme.
Ich kann dagegen gar nichts tun.
Das alles wirkt der wahre Gottessohn,
der mir mit seiner Barmherzigkeit
entzog meine größte Gerechtigkeit." (VII, 62)

Das alles klingt wie ein Traum – oder wie Poesie. Denn zu uns spricht Gott nicht in dieser Weise. Und wenn er es doch tun sollte – wir hören ihn nicht so sprechen.
Aber so ist Gott. Er sucht einige aus, eben die, die wir Propheten oder Heilige oder Mystiker nennen. Ihnen schenkt er es, sein Wort zu vernehmen, und ihnen trägt er auf, dieses Wort weiterzusagen – uns zum Troste.

2. Das Glaubenszeugnis Mechthilds von Hackeborn

a) Ihr Leben

Manches, was aus ihrem Leben berichtet wird, gehört in das Reich der Legende. Es sollte – wie so vieles in Nonnenviten – der Erbauung dienen: Seht, wie sie im Tugendglanz erstrahlt; wie schon bei ihrer Taufe der Priester ihr ein heiligmäßiges Leben prophezeit; wie sie ihr Leben lang für Arme und Bedürftige ein Herz hat; wie ihre Gebete Erhörung finden; wie sie voraussieht, dass am Tage ihres Heimgangs um ihretwillen niemand in die ewige Verdammnis geschickt wird.
Anderes dagegen dürfte auch nüchterner Betrachtung standhalten, etwa folgendes:
Sie war Tochter der Edlen von Hackeborn bei Halberstadt. 1241 wurde sie geboren. Als sie sieben Jahre zählte, besuchte sie ihre ältere Schwester Gertrud. Diese war Nonne bei den Zisterzienserinnen, damals in Rodarsdorf, später in Helfta. Mechthild ist von dem Klosterleben angetan, will gleich dableiben, findet tatsächlich Aufnahme, zunächst in die Klosterschule, später in den Konvent.
Ihre Ausbildung war gut. Die Schule hatte Niveau. Dafür hatte ihre Schwester Gertrud – seit 1251 Äbtissin – gesorgt. Als Mechthild siebzehn war, übertrug man ihr gar die Leitung der Schule. Weitere Aufgaben kamen hinzu: die Verwaltung der Biblio-

thek, die Aufsicht über das Skriptorium, das Amt einer Vorsängerin. Nachtigall nannte man sie.
Im Kloster war sie geachtet und beliebt. Wer auch immer sich an sie wandte, ging getröstet von ihr, ja:

> *„Die Schwestern versammelten sich um sie wie um einen Prediger, um das Wort Gottes zu hören."*[21]

Lange hatte sie ihre Begnadungen geheim gehalten und damit den eigentlichen Grund ihrer Fähigkeit, zu belehren, zu raten, aufzumuntern. Doch dann – sie mochte etwa 50 Jahre alt sein – kam der Tag, wo sie sich

> *„wie eine Trunkene nicht mehr zurückhalten konnte, jene innere Gnade vor allen, die zu ihr kamen, sogar vor Fremden, hervorzusprudeln"*[22].

Eines Tages wird sie krank, so krank, dass sie nur noch unregelmäßig am Gottesdienst teilnehmen kann und schließlich überhaupt nicht mehr. Sie muss das Bett hüten, sich von Mitschwestern pflegen lassen. Acht Jahre währt ihr Siechtum. 1299 erlöst sie der Tod. 68 Jahre war sie alt geworden.

b) Ihre Schriften

Auf ihrem Krankenlager erzählt Mechthild den Schwestern, die sie pflegen, was ihr Inneres erfüllt:

Bilder von berauschender Schönheit, Ansprachen, die sie bis ins Herz getroffen haben. Zwei der Schwestern – darunter Mechthilds Schülerin Gertrud, die einmal die Große heißen sollte – schreiben das Gehörte auf. Die Äbtissin – es war inzwischen Sophie von Mansfeld – gibt ihre Zustimmung, sogar der Bischof, der anfangs so skeptisch war. Mechthild selbst ahnt nichts von alledem, bis – wenn man den Aufzeichnungen der Mitschwestern Glauben schenken darf – der Herr selbst sie davon unterrichtete und obendrein die Worte sprach:

„Alles, was in diesem Buche steht, strömt aus meinem göttlichen Herzen... Fürchte dich nicht, ich selbst habe alles gemacht."[23]

Mechthild ist erschüttert und beruhigt zugleich. Was sie den Mitschwestern arglos verraten hat und was diese heimlich aufgeschrieben haben, ist ihr also von Gott selbst geoffenbart. So ist und bleibt es ihre feste Überzeugung – und die der Schwestern auch.
Das Werk, das so entstand (und in lateinischer Sprache niedergeschrieben wurde), erhielt den Namen „Liber specialis gratiae – Buch der besonderen Gnade", nämlich der Mechthild zuteil gewordenen. Es umfasst sieben Bücher. Sie sind weder insgesamt noch in sich streng systematisch gegliedert, enthalten vielmehr in lockerer Folge und in unterschiedlicher Länge mal dieses, mal jenes, seien es Berichte über das, was Mechthild gehört und gesehen hat, seien es Be-

richte aus dem Klosteralltag, seien es Berichte über das Leben und Sterben Mechthilds selbst und anderer Schwestern.

Wichtiger aber als alle Systematik ist die Lebendigkeit, ja Glut des Glaubens, die für viele so mitreißend wirkte und dem Werk eine schnelle Verbreitung bescherte. Es „fand Leser bei den Gottesfreunden, war Seuse und Tauler bekannt und wurde in deutscher Übersetzung bereits 1503 gedruckt. Noch im Mittelalter übertrug man es ins Niederländische, Englische und Schwedische. Vor allem waren gekürzte Fassungen im Umlauf, von denen sich viele auf die Herz-Jesu-Texte konzentrieren; Petrus Canisius ist mit einem solchen Florilegium in Händen gestorben."[24]

Im 16. Jahrhundert existierten neun Ausgaben des „Liber specialis gratiae". Doch dann wird es geradezu vergessen. Gertrud die Große läuft Mechthild den Rang ab. Gebete Mechthilds erscheinen gar unter dem Namen Gertruds. Erst im 19. Jahrhundert wird Mechthild von Hackeborn wiederentdeckt. Die Benediktiner von Solesmes bringen 1877 eine kritische Ausgabe ihrer Schriften heraus (und 1888 eine französische Übersetzung). In Regensburg erscheint 1880 eine deutsche Übersetzung (aus der Feder von Joseph Müller). Weitere Übersetzungen folgen im 20. Jahrhundert: eine niederländische von R. L. J. Bromberg, eine englische von Th. A. Halligan, eine auszugsweise deutsche von Hans Urs von Balthasar. Aufsätze und Studien über sie folgen. Auf einmal ist Mechthild wieder da.

c) Ihre Botschaft

(1) **Gott ist Allmacht, Weisheit, Güte**

„Einmal sah sie (Mechthild) den Herrn, von unaussprechlicher Klarheit umgeben... Da sprach sie zu ihm: ‚O herrlichster Geliebter, worin soll ich mich üben, daß es dir am angenehmsten sei?' Er erwiderte: ‚Im Lobpreis.' Und sie: ‚O sag mir, wie ich dich würdig zu loben vermag.' Da lehrte sie der Herr drei Arten des Lobes, und gleichsam drei Anläufe: ‚Lobe zuerst die Allmacht des Vaters, durch die er im Sohn und im Heiligen Geiste seinem Wollen gemäß wirkt und deren Unermeßlichkeit kein Geschöpf im Himmel und auf Erden begreift. Lobe dann des Sohnes unerforschliche Weisheit, die er vollkommen mit dem Vater und dem Heiligen Geiste teilt, gemäß seinem Willen, die keinem Hindernis begegnet und die keine Kreatur zu ergründen vermag. Lobe endlich des Heiligen Geistes Güte, die er überschwenglich mit dem Vater und dem Sohne teilt, gemäß all seinem Wollen, und an der gleichfalls keine Kreatur je erschöpfend teilnehmen kann.'"[25]

Allmacht, Weisheit, Güte. Das lässt sich von Gott aussagen. Das kommt ihm zu. Deshalb gebührt ihm Lob. Das sagt Mechthild nicht nur einmal. Sie bekennt es viele Male.

Aber nicht nur für Mechthild ist es Gottes Macht, Gottes Weisheit und Gottes Güte, die alles trägt und alles lenkt und alles zu einem guten Ende führt.

Auch Gertrud, die ja zusammen mit einer anderen Schwester die Offenbarungen Mechthilds gesammelt und niedergeschrieben hat, bezeugt an vielen, vielen Stellen eben diesen Glauben. Ihre eigenen Aufzeichnungen beginnen gar damit, dass sie Gottes „unerschöpfliche Weisheit", seine „bewunderungswürdige Allmacht", seine „wunderbare Güte" rühmt (II, 1; L 13). Es ist, als wolle sie gleich zu Beginn uns alle, die wir ihre Schriften lesen, wissen lassen, was für sie – und offenbar für die ganze Schwesterngemeinschaft in Helfta – das A und O ihres Glaubens ist. Denn wieder und wieder betont und beteuert und bekräftigt sie eben dieses, etwa wenn sie schreibt: „Herr, ich bete Deine allmächtige, gütige Weisheit an und danke Deiner weisen Güte in ihrer Allmacht." (II, 9; L 29)

Auch die Zuordnung dieser drei Attribute zu den drei Personen der göttlichen Dreifaltigkeit ist ihr geläufig. Darum spricht sie von „der unüberwindbaren Allmacht des Vaters, der Weisheit des Sohnes und der Güte des Heiligen Geistes"[26]. So nimmt es nicht wunder, dass sie, als an einem Gründonnerstag die Klagelieder Jeremias, des Propheten, gesungen wurden, eben die Sünden beklagt, die je aus menschlicher Schwachheit gegen die Allmacht des Vaters, die je aus menschlicher Unwissenheit gegen die Weisheit des Sohnes und die je aus menschlicher Bosheit gegen die Güte des Heiligen Geistes begangen wurden. (IV, 25; L 291)

Man mag zu recht feststellen, das alles sei im Grunde nichts Neues. Und man wird ohne Mühe all die Bibelstellen finden, die eben das bezeugen, nämlich dass Gott allmächtig ist und weise und gütig. Schon das alttestamentliche Buch der Weisheit sagt es uns mit den Worten:

> *„Die **Weisheit**, deren Führer Gott selber ist, vermag alles. **Macht**voll entfaltet sie ihre Kraft und durchwaltet voll **Güte** das All."*
> *(Weish 7,15.23 und 8,1)*

Auch in der christlichen Überlieferung wird man – wie sollte es auch anders sein – diesen Glauben bestätigt finden, vor allem den (für uns Heutige so schwer nachvollziehbaren) Glauben daran, dass derselbe, der allmächtig ist, zugleich der ist, der gütig ist. Augustinus lobt Gott ausdrücklich, weil er „allmächtig ist und gut"[27]. Nichts anderes tut Franziskus. In seinem Sonnengesang preist er ganz unbekümmert Gott als den „altissimo, onnipotente e bon Signore" – den „allerhöchsten, allmächtigen und guten Herrn".
Wir sind da anders. Uns ergeht es – wer wollte es leugnen! – nur zu oft und nur zu leicht wie der französischen Philosophin Raissa Maritain. Als sie – als Schülerin schon und dann erst recht als Studentin – zu den „Jahren der Vernunft" kam, da lauteten – wie sie selbst schreibt[28] – ihre „vernünftigen" Überlegungen: „Wenn es einen Gott gibt, dann ist er auch unendlich gut und allmächtig. Aber wenn er gut ist, wie kann er dann das Leiden zulassen? Und wenn er allmächtig ist, wie kann er dann die Bösen erdulden? Also ist er weder allmäch-

tig noch unendlich gut." Und Raissa Maritain zieht daraus den in ihren Augen einzig möglichen Schluss: „Also gibt es Gott gar nicht."

Der Mailänder Erzbischof, Kardinal Carlo M. Martini, hat ganz zutreffend beobachtet, dass Raissa Maritain weiß Gott nicht die einzige ist, die solche Schlüsse zieht. Darum schreibt Martini: „Die Bitterkeiten, Ungerechtigkeiten, Grausamkeiten ... der Menschheit bringen viele Menschen zum Schluß, daß es keinen Gott gibt oder daß Gott die Welt im Stich gelassen hat."[29]

Und da sehen wir vor uns eine Frau – Mechthild von Hackeborn –, der nichts ferner liegt, als solche „vernünftigen" Überlegungen anzustellen. Mehr noch. Es liegt ihr genau so fern, schon hundertmal Gesagtes und in frommen Büchern Nachzulesendes einfach nachzuplappern. Sie räsonniert nicht. Sie wiederholt nicht einfach blindlings, was Eltern, Lehrer, Geistliche ihr beigebracht haben oder was sie in der kirchlichen Liturgie gehört oder in der Bibel und in theologischen Traktaten gelesen hat. Sie geht vielmehr in die Knie. Sie betet an. Sie vollzieht existenziell, was für andere nur abstrakte Lehrinhalte sind. Für sie gibt es in aller Unrast, bei allem Leid, im Angesicht so vieler ungelöster und unlösbarer Fragen einen Ort des Ausruhens, des Aufatmens, ja der Freude, einen Ort, der sie beseligt sprechen lässt: O mein Gott, dich lobe ich, dich preise ich, denn du bist die Allmacht, du bist die Weisheit, du bist die Güte, du!

Für sie heißt glauben eben nicht Lehrinhalte auswendig lernen und wiedergeben. Für sie heißt glauben vielmehr, sich loslassen, die Gedanken abschirren, so wie man ein Pferd abschirrt, um ihm freien Lauf zu lassen, und in unendlichem Vertrauen sich hingeben an eben diese letzte Allmacht, letzte Weisheit, letzte Güte.
Eine solche Definition des Glaubens stammt von keinem Geringeren als Friedrich Nietzsche. Er formuliert sie in der Form einer Warnung an die, die einen solchen Glauben aufgeben, und fragt, ob es wohl einen Menschen gäbe, der die Kraft hätte, blind oder heroisch einfach nur so zu leben: ohne eine solche Oase des Vertrauens, des Ausruhen-könnens, des sich einer letzten Weisheit, letzten Güte, letzten Macht Überlassen-könnens.

Wörtlich schreibt Nietzsche:

> *„Du wirst niemals mehr beten, niemals mehr anbeten, niemals mehr in endlosem Vertrauen ausruhen – du versagst es dir, vor einer letzten Weisheit, letzten Güte, letzten Macht stehen zu bleiben und deine Gedanken abzuschirren – du hast keinen fortwährenden Wächter und Freund für deine sieben Einsamkeiten ..., es gibt keine Vernunft in dem mehr, was geschieht, – keine Liebe in dem, was dir geschehen wird – deinem Herzen steht keine Ruhestatt mehr offen... Mensch der Entsagung, in alledem willst du entsagen? Wer wird dir die Kraft dazu geben? Noch hatte niemand diese Kraft."* [30]

Nietzsche fasst in Worte, was Mechthild uns vorgelebt hat.

(2) Gott ist ein Gott-für-uns

Gott geht aus sich heraus. Er teilt sich mit. Er ist ein Gott für uns.
Das sagt und bekennt Mechthild trotz der Schmerzen, die sie Tag und Nacht erdulden muss, trotz des Krankenlagers, das sie auf fremde Hilfe angewiesen sein lässt und ihr die Teilnahme an der von ihr so heiß begehrten Feier der Liturgie verwehrt, trotz der Erschütterung, die für sie der Tod ihrer geliebten und hochverehrten Schwester Gertrud, der Äbtissin, bedeutet hat. (Gertrud war im Jahre 1291 gestorben, 8 Jahre vor Mechthilds eigenem Tod.)
Diese Überzeugung, dass Gott ein Gott-für-uns ist, lässt Mechthild zu Maria beten mit den Worten: „Gegrüßet seist du, die du hervorgegangen bist aus der Allmacht des Vaters; gegrüßet seist du, die du hervorgegangen bist aus der Weisheit des Sohnes; gegrüßet seist du, die du hervorgegangen bist aus der Güte des Heiligen Geistes."[31] Gilt doch das, was für Maria gilt, in gewisser Weise für alle, die – wie Maria – alles, was sie sind und was sie haben, ausschließlich Gott verdanken: ihr Geschaffensein, ihr Begnadetsein, ihr Zur-Glorie-bestimmt-sein.
Mechthild sieht dieses Gott-für-uns-sein Gottes in Bildern und beschreibt es in Bildern. Wie soll sie es auch anders machen, wenn sie nicht schweigen will.

Das täte sie am liebsten. Weiß sie doch, dass das Sagen, das sie vernommen hat, ein unsagbares Sagen ist – wie bei Paulus. Dass jedes Bild den Bildlosen mehr verhüllt als enthüllt. Dass, welchen Namen auch immer sie dem Namenlosen gibt, die Unähnlichkeit größer ist als die Ähnlichkeit.

Und doch fühlt sie sich gedrängt mitzuteilen, was sie erfüllt – wie Paulus, der bekannte: „Weh mir, wenn ich das Evangelium nicht verkünde." (1 Kor 9,16)

Und so sehen wir vor uns all diese Bilder, sind uns ihrer Unzulänglichkeit bewusst, wissen um die Gefahr, dass wir die Bilder mit dem, den sie abzubilden versuchen, vewechseln, dass wir auf den Finger nur starren, statt uns dem zuzuwenden, auf den der Finger hinweist.

Aber Mechthild lädt uns ein, all diese Gefahren zu vergessen, uns vielmehr an all diesen Bildern zu erfreuen, uns von ihnen hinführen zu lassen zu dem, der unser Ziel ist und der auf uns wartet – und dem wir, so hofft Mechthild jedenfalls, auf diese Weise doch vielleicht ein wenig näher kommen, und dass wir von diesen Bildern die Angst, die Sorge, die Ratlosigkeit von uns nehmen und uns statt dessen mit Hoffnung, Freude, Dankbarkeit erfüllen lassen.

Das Bild, das sich Mechthild aufdrängt, ist das Bild von dem Quell, der sich verströmt.

Als Mechthild Gott als einen Gott-für-uns erkannte, „da erblickte sie" – so lesen wir in ihren Offenbarungen – „in der Entrückung des Geistes einen lebendigen Brunnen, glänzender als die Sonne, der, in sich selber und aus sich selber strömend, einen wundersamen Wohlgeruch von sich ausgehen ließ. Das Brunnenhaus war aufs gediegenste und kostbarste gearbeitet, und der Brunnen ... teilte sich allen Wesen verschwenderisch mit...

Im Umkreis des Brunnens, an seiner Fassung angebracht, waren sieben Säulen mit Kapitälen aus Saphir; zwischen ihnen flossen sieben Bäche hervor zu allen Heiligen hin: dergestalt, daß einer zu den Engeln, ein zweiter zu den Propheten, ein dritter zu den Aposteln, ein vierter zu den Martyrern, ein fünfter zu den Bekennern, ein sechster zu den Jungfrauen, ein siebter zu allen übrigen Heiligen sich ergoß." (Lib I, 31; B 21)

Ein anderes Mal „wurde sie plötzlich entrückt und bis zum Thron der Herrlichkeit geführt. Und sie sah die seligste Dreifaltigkeit selbst in Gestalt eines lebendigen Quells, der anfanglos in sich selber strömte und alle Dinge in sich enthielt, der mit unendlicher Schönheit ausfließend dennoch in sich selber nicht gemindert wird, sondern unwandelbar verbleibend das All bewässert und zum Fruchttragen bringt." (Lib I, 24; B 22)

„Eines Tages nahm Jesus sie mit auf die Spitze eines hohen Berges. Dort sieht sie den Thronsessel der allerheiligsten und ungeteilten Dreifaltigkeit stehen. Hier entsprangen vier Ströme lebendigen Wassers. Sie begriff, daß der erste Strom die göttliche Weisheit symbolisierte. Dadurch leitet Gott die Heiligen und bewirkt, daß sie in allem seinen Willen erkennen und erfüllen. Der zweite Strom bedeutete die göttliche Vorsehung, die ihnen alles Gute zukommen ließ, durch das er sie mit ewiger Freiheit überströmend sättigte. Der dritte Strom war ein Sinnblid göttlichen Überflusses. Er machte sie trunken von der Fülle aller Güter, so daß sie niemals soviel verlangen konnten, wie er ihnen in noch reicherem Maße zukommen ließ. Der vierte Strom schließlich war das Symbol des Gott-Genießens, wodurch sie selig in Gott lebten, gesättigt durch die Fülle der Freuden, überströmt vom Genießen ohne Ende, derweil Gott ihnen alle Tränen von den Augen abwischte."[32]

Wasser bedeutet Leben, Rettung vor dem Verdursten und damit vor dem sicheren Tod, Heil und Gesundung, Erfüllung aller Sehnsucht – erst recht für ein Wüstenvolk, wie es das Volk Israel war. Darum begegnet uns das Bild vom Wasser als Quelle des Heils gerade im Alten Testament, auch der Hinweis darauf, dass niemand anderer als Gott selbst dieser „Quell lebendigen Wassers" ist, wie der Prophet Jeremia (2,13) dem Volk Israel zuruft.

„In der Steppe lasse ich Wasser fließen und Ströme in der Wüste, um mein auserwähltes Volk zu tränken." So prophezeit Jesaja (43,20). „Wie ein Hirsch lechzt nach frischem Wasser, so lechzt meine Seele, Gott, nach dir." So betet der Psalmist (42,1). Weiß er doch:

„Gott, wie köstlich ist deine Huld!
Du tränkst die Menschen mit dem Strom deiner Wonnen.
Denn bei dir ist die Quelle des Lebens." (Ps 36,8–10)

Ja, die ganze Bibel ist eingerahmt von dem Bild des lebenspendenden Wassers, das Gott schenkt. Ein Strom, der sich zu vier Hauptflüssen teilt, war es, der den Garten des Paradieses bewässerte. So berichtet gleich das erste Buch der Bibel (Gen 2,10). Und im letzten Kapitel des letzten Buches der Bibel, der Geheimen Offenbarung, zeigt ein Engel dem Seher von Patmos „einen Strom, das Wasser des Lebens, klar wie Kristall; er geht vom Thron Gottes ... aus." (Offb 22,1)

Das zeigt: Mechthild ist nicht die einzige, die Gott als das Wasser sieht, das Leben spendet. Etwas aber ist für Mechthilds Visionen charakteristisch. Die Rettung, das Leben, das Heil – alles das, was das Wasser bedeutet – sieht sie hervorgehen aus dem Herzen Gottes.

Mechthild verehrt nicht so sehr das Herz des Schmerzensmannes von Golgota, das auf Mitleid wartet und getröstet werden will. So sollten es spätere Jahrhunderte tun. Sie verehrt vielmehr das Herz Christi als des Königs aller Welt, ja das Herz Gottes selbst.

Vom Herzen Gottes selbst sieht sie einmal ein Licht ausgehen. (Lib I, 5; B 57) Ein anderes Mal sieht sie dem Herzen Gottes eine wunderschöne Rose mit fünf Blütenblättern entspringen. (Lib III, 2; B 64 f.) Vor allem aber sieht sie, dass Gottes gleichewiger Sohn der Sohn seines Herzens ist (Lib I, 5; B 57), und in dem göttlichen Herzen des Sohnes erblickt sie „einen Strom lebendigen Wassers", der ihn zum „Quell alles Guten" macht (Lib II, 2; B 71).

Einmal begegnete ihr in einer Vision der Herr, umarmte sie „und sprach: ‚In der Liebe meines göttlichen Herzens will ich dich waschen.' Er öffnete das Tor seines Herzes, das Schatzhaus der seligen Gottheit... Sie erblickte daselbst einen Strom lebendigen Wassers... Dies Wasser wird genannt: Fluß der Liebe. Die Seele tauchte hinein und wurde darin von allen Makeln gewaschen." (Lib II, 2; B 71) Aber nicht nur das, was befleckt ist, wäscht das Wasser, das hervorströmt aus dem göttlichen Herzen, nein: „Alles Gute, das Himmel und Erde enthalten, fließt ja hervor aus der Güte meines Herzens." So sagte der Herr selber zu ihr. (Lib II, 36; B 42)
Der Herr schenkt ihr das reinigende, befreiende, Leben spendende Wasser, das aus seinem Herzen hervorgeht. Doch damit nicht genug. Er schenkt ihr – wie jeder wahrhaft Liebende – sich selbst, sein eigenes Herz. Denn nichts weniger will Gott, als seiner Schöpfung das geben (und sie dadurch das sein lassen), was er selber ist, damit Gott alles in allem sei (1 Kor 15,28).

„Ich gebe dir mein Herz zu einem Hause der Zuflucht, damit du in der Stunde deines Todes keinen anderen Weg gehest, denn in mein Herz, um da ewiglich zu ruhen."[33]

(3) Gott will uns zu seinesgleichen machen

Gott ist wie ein Quell, dessen Wasser Leben spendet. Dieses Leben, das er schenkt, ist mehr als Gesundheit an Leib und Seele, mehr auch als ein tugendreiches, moralisch einwandfreies Leben voller guter Taten, die die Mitmenschen erfreuen und deren Leiden lindern. Dieses neue Leben ist Gott selbst. Gott will uns zu seinesgleichen machen. Er will uns Anteil geben an seiner göttlichen Natur. Eine neue Kreatur sollen wir werden, so dass wir nicht nur Kinder Gottes heißen, sondern es auch sind – wie der eingeborene Sohn. Gott will, dass sich der Traum erfüllt, zu sein wie Gott. „Was Gott erstrebt", so schreibt wörtlich der spanische Mystiker Johannes vom Kreuz, „ist, uns zu Göttern durch Teilhabe zu machen, wie er Gott von Natur ist – so wie das Feuer alles in Feuer verwandelt."[34]

Eben das schaut auch Mechthild in immer neuen Visionen und vernimmt es in immer neuen Auditionen,
- nämlich einmal, dass all unsere Sehnsüchte, Hoffnungen, Wünsche erfüllt, ja übererfüllt werden,
- und zum anderen, dass diese Erfüllung nicht weniger bedeutet als Eingehen in Gott, Einssein mit Gott, Teilhabe an seiner Macht und Weisheit und Güte.

„Denn es ist unmöglich" – so hört sie den Herrn ihr sagen –, „daß der Mensch das nicht gewinnt, woran er geglaubt und was er erhofft hat." Da fragt ihn

Mechthild, was es denn konkret sei, was sie glaubend erhoffen solle. Sie erhält zur Antwort:

„daß ich dich nach deinem Tode aufnehme wie ein Vater seinen geliebtesten Sohn, und daß nie ein Vater so getreu seinem einzigen Sohn das Erbteil zugeteilt hat, als ich dir alle meine Güter und mich selber mitteilen werde. Und weiterhin werde ich dich empfangen wie ein Freund den liebsten Freund, und dir solche Freundesliebe erweisen, wie je einer sie von seinem Freunde erfahren konnte. Denn nie ist ein so treuer Freund erfunden worden, daß er seinem Freund keinerlei Trug angetan hat oder hätte antun können. Ich aber, der ich treu bin und die Treue selbst, bin unfähig, je meine Freunde durch irgendeinen Trug zu täuschen. Endlich werde ich dich empfangen wie der Bräutigem seine einzig geliebte Braut, mit solchem Überschwang von Lust und solcher Fülle aller Freuden, wie nie ein Bräutigam seine Braut sanft an sich gelockt hat." (Lib III, 5; B 86)

Mehr noch. Der Herr schenkte Mechthild darüber hinaus noch eine weitere Vorahnung von dem, was sie erwartete, und ließ sie eben das schon jetzt (in der mystischen Einigung, wie wir Außenstehende sagen möchten) erleben. Denn es heißt weiter:

„Dann lehnte sich die Seele an die Brust ihres sie liebenden Herrn und lobte ihn aus allen Kräften, Sinnen und Regungen: in ihm selbst und durch ihn selbst. Und je mehr sie, ihm anhängend, ihn lobte, desto mehr schwand

sie in sich selbst zusammen und ward zu nichts. Wie schmelzendes Wachs im Feuer, so schmolz sie in sich selbst und ging über in Gott, ihm selig geeint und verkettet durch das Band unlöslicher Einung." (Lib II; B 86 f.)

Für Mechthild sind das alles nicht abstrakte Lehrsätze, sondern sie selbst betreffende und darum beseligende Zusagen: Mich, mich, die kleine Nonne Mechthild von Hackeborn, mich liebt er, der große Gott, wie ein Vater seinen Sohn, wie ein Freund seinen Freund, wie ein Bräutigam seine Braut. Wie soll ich da nicht vergehen, ja förmlich hinschmelzen vor Seligkeit und Wonne!

Noch viele andere Male erlebte sie schon jetzt, was dieses Einssein meint.

- Einssein meint, daß „wir Gott gänzlich gleichförmig werden"[35].
- Einssein meint „Mitteilung seiner (nämlich Gottes bzw. Christi) eigenen Freude und Seligkeit". (Lib IV, 9; B 29) Sollen wir doch nicht so glücklich werden, wie nur je ein Mensch glücklich werden kann, sondern so glücklich, wie Gott selber glücklich ist.
- Einssein meint, daß „ich" - der Herr - „sie alle zu Königen und Königinnen mit mir eingesetzt" habe und „daß sie nicht die Hälfte meines Reiches, sondern das ganze ungeteilt empfangen haben". (Lib I, 34; B 27)

(4) Dieses Ziel kann der Mensch mit eigenen Kräften nicht erreichen

a) Den Himmel muss man sich schenken lassen

Gott will den Menschen vergöttlichen, ihn zu seinesgleichen machen. Das kann der Mensch von sich aus nicht bewerkstelligen. Er kann sich bemühen und womöglich auch erreichen, ein anständiger Mensch zu sein. Aber nie und nimmer kann er ungeschehen machen, dass er bloßes Geschöpf und darum nicht Gott gleich ist. Der Abstand zwischen Schöpfer und Geschöpf ist für den Menschen unüberwindbar. Nur Gott selber kann ihn überwinden.

Mechthild ist da ganz eindeutig: den Himmel kann man sich nicht nehmen, auch nicht verdienen, überhaupt nicht von sich aus erlangen. Den Himmel muss man sich schenken lassen. „Denn wer könnte es sich herausnehmen, Zugang zu meiner göttlichen Majestät zu besitzen, wenn ich ihn nicht selber beriefe und zöge" – sagt der Herr zu ihr. (Lib I, 34; B 27)

„An einem Samstag, da man die Sequenz ‚Mane prima sabbati' sang, gedachte sie beim Vers ‚als der Born der höchsten Güte', wie viele und wie große und unaussprechliche Güter dem Urquell alles Guten entströmt waren und endlos immer weiter entströmen. Und der Herr sprach zu ihr: ‚Komm und sieh dir den Geringsten an, der im Himmel ist, dann wirst du dir ein Bild machen können vom Born der Güte.' Sie begann zu überlegen, wo sie diesen Geringsten wohl finden und woran sie ihn erkennen möchte. Sieh, da lief ihr ein Mann entgegen in einem grünen Kleid, mit krausem gelblichen Haar, mittelgroß, sehr hübsch und reizend von Angesicht. Sie darauf: ‚Wer bist du?' Er erwiderte: ‚Auf Erden war ich ein Räuber und Übeltäter und habe nie etwas Gutes getan.' Und sie: ‚Wie bist du dann in diese Seligkeit gekommen?' Er sprach: ‚All das Böse, das ich tat, habe ich nicht aus Bosheit begangen, sondern gleichsam aus Gewohnheit und weil ich nichts Besseres wußte, und weil meine Eltern mich dazu erzogen hatten. So hab ichs am Ende bereut und habe Gottes Erbarmen erlangt; hundert Jahre war ich am Ort der Pein und erlitt vieles, jetzt bin ich durch die alleinige und unverdienbare Güte Gottes in diese Erquickung gelangt.'" (Lib I, 33; B 28 f.)

b) Die Vergebung von Sünde und Schuld muss man sich gleichfalls schenken lassen

Den Menschen zu vergöttlichen heißt zugleich, ihm seine Sündenlast abnehmen. Beides lässt sich nicht trennen. Begnadung ist zugleich Begnadigung und umgekehrt. Oder wenn man die Ausdrücke gebrauchen will, die Paulus gebraucht und die in seinem Gefolge auch die Reformatoren gebraucht haben, dann muss man sagen: gerecht machen ist zugleich gerecht sprechen und gerecht sprechen ist zugleich gerecht machen (und zwar nicht einfach zu einem wohlanständigen Menschen machen, sondern vor

Gott gerecht sein lassen, eben das sein lassen, wofür die Bibel all die anderen Ausdrücke bereithält wie heiligen, zu Kindern Gottes machen, neues Leben schenken, wiedergeboren werden). Beide Aspekte beinhaltet der den Reformatoren so teure Ausdruck Rechtfertigung. Rechtfertigung ist nur möglich aufgrund von Gottes Erbarmen, das wir gläubig und dankbar annnehmen – mit anderen Worten: allein aus Gnaden (von Gott aus gesehen) bzw. (von uns aus gesehen) allein aus Glauben und um alles in der Welt nicht aufgrund unserer Werke. Rechtfertigung (wie der uns inzwischen weitgehend fremde und unverständliche biblische Ausdruck nun einmal heißt) ist nicht nur unverdientes, sondern im höchsten Maße auch unverdienbares Geschenk – eben weil sie nicht nur Gerecht„sprechung" beinhaltet, sondern auch Gerecht„machung" und damit Heiligung.

Das alles betont Mechthild mit Ausdrücken, die an Martin Luther erinnern und fast schon die Reformation vorwegnehmen. „Man hat dem Mittelalter vorgeworfen, zu wenig Sinn für das reine Wunder der Rechtfertigung zu haben und den Akzent zu stark auf das Verdienst, auf die menschliche Mitwirkung oder das aus der erfolgten Rechtfertigung ermöglichte Werk der Liebe zu legen. Wie dem auch sei, bei Mechthild findet sich ein Gegengewicht. Hier ist das ‚Urerlebnis' immer neu und beinah ungläubig angestaunt und plötzlich leidenschaftlich bejaht und umfangen, das Erlebnis des eigenen uneinholbaren Versäumnisses, des Versagthabens, des hoffnungslo-

sen Zurückbleibens, das angesichts des erlösenden Gottes unbegreiflich umschlägt in den Glauben an seine Erfüllung, seine Aufrundung und Ergänzung aller menschlichen Vergeblichkeit, und zwar in einem Überfluß, woraus jeder, auch der letzte Sünder, alles schöpfen darf, was er braucht. Mechthild kann sich hier nicht genugtun; man spürt, daß sie an dieser Stelle im innersten Punkt ihrer Sendung steht." So schreibt Hans Urs von Balthasar in der Einleitung zu der von ihm besorgten Auswahl und Übersetzung von Texten Mechthilds von Hackeborn.[36]
Mechthilds eigene Worte bestätigen das, nämlich nicht nur – wie wir gesehen haben – Vergöttlichung aus reiner, unverdienter und unverdienbarer Gnade (natürlich!), sondern auch Sündenvergebung aus reiner, unverdienter und unverdienbarer Gnade.

Im einzelnen sagt sie dreierlei:
- Zum einen:
  Keine Sünde ist so arg, dass sie nicht vergeben werden könnte.
- Zum zweiten:
  Auch das Schlimme wird Gott in Gutes wandeln, aus den Sünden gar „goldene Kleinodien" hervorgehen lassen.
- Und schließlich:
  Was uns fehlt, wird von Christus „aufgerundet".

Und das alles aus purer, unverdienter Liebe – nicht weil wir gut wären, sondern weil Gott gut ist.

Einige Zitate mögen das verdeutlichen:
- Zum ersten:
  „Ich sage dir, kein Sünder ist so arg, daß, wenn er wahrhaft bereut, ich ihm nicht zur selben Stunde all seine Schuld vergebe und mein Herz mit soviel Huld und Milde über ihn neige, als hätte er nie gefehlt." (Lib II, 22; B 45)
  „Sie trugen auf den Schultern die Last ihrer Sünden und luden sie vor den Füßen des Herrn ab... Und der Herr sprach. ‚Was wollen wir damit tun? Nun denn, so möge alles in der Liebe verbrannt werden.'" (Lib III, 37; B 60)
  „Wenn also Gott mit dem Auge der Erbarmung eine Seele anblickt und sich über sie neigt, um ihr zu vergeben, dann werden alle ihre Vergehen ewigem Vergessen überantwortet." (Lib I, 1; B 37)
- Zum zweiten:
  „Es ist gut für den Menschen, sich oft ins Gedächtnis zu rufen, mit welch grundloser Liebe ich ihn erwählt habe ... und wie liebevoll seiner gedenkend ich alles, auch das Schlimme, ihm in ein Gutes wende." (Lib IV, 23; B 83)
  „Die Sünden derer, die sie aus Liebe bereuen, werden zu goldenen Kleinodien."[37]
- Zum dritten:
  Mechthild wendet sich mit folgenden Worten an Gottvater: „Ich überantworte dir, o Vater voll Majestät, deinen demütigen Sohn, welcher für mich bezahlt, was ich an Hoffahrt gesündigt..., welcher für mich genug getan hat in allem, worin

ich durch Zorn gesündigt..., der für mich erfüllt, was ich durch Neid gesündigt. Seine überfließende Milde hat alles bezahlt, was ich durch Geiz gesündigt. Sein heiligster Fleiß hat gerechtfertigt meine Trägheit. Seine höchste Mäßigkeit hat genug getan für alle meine Unmäßigkeit. Die Reinheit seines unschuldigen Lebens hat alles bezahlt, was ich gesündigt habe mit bösen Gedanken, Worten oder Werken. Sein höchster Gehorsam, in welchem er gehorsam wurde bis zum Tode, hat all meinen Ungehorsam ausgelöscht. Seine Vollkommenheit entschuldigt all meine Unvollkommenheit."[38]

Mechthild begriff, „daß alles Gute, was sie versäumt, durch den heiligen Wandel Christi und seine vollkommenen Werke nachgeholt sei, und all ihre Unvollkommenheit durch die allerhöchste Vollkommenheit des Sohnes Gottes vervollkommnet". (Lib I, 1; B 37)
Und sie hörte, wie der Herr zu ihr sprach: „Ich bin hier, ... um all eure Bekümmernisse zu heilen..., indem ich das, was fehlt, aus mir ergänze." (Lib I, 9; B 24) „Sie – eine Besucherin, für die Mechthild betete – soll einzig an meine Güte glauben, und so viel sie nur glaubt, so viel werde ich in ihr ergänzen." (Lib IV, 38; B 46)
„Ich werde alle deine Schulden wieder einholen und alle deine Versäumnisse aufrunden... Wenn du mir vollkommen treu bist, dann soll es dir viel lieber sein,

daß meine Liebe deine Säumnisse ergänzt, als daß du es selber tust." (Lib III, 31; B 48)
Aber nicht nur die Versäumnisse frommer Nonnen oder auch böser Menschen will Christus „aufrunden", nein. Denn der erhabenste Name, den der Vater ihm verliehen hat, „ist – so sagt er selbst – der Name Salvator omnium saeculorum, Erlöser aller Weltzeiten. Denn ich bin der Erretter und Erlöser all dessen, was ist, was war und was sein wird", so „daß der Mangel aller Kreatur durch mich und in mir auf würdigste Art aufgeholt sei". (Lib I, 16; B 81)
Christi Liebe und sein Erbarmen „ergänzen am einzelnen, an der Gesamtmenschheit, am ganzen Kosmos, was daran fehlerhaft, unvollkommen und erlösungsbedürftig ist"[39].
So schreibt Alois Maria Haas in seiner Studie über Mechthild von Hackeborn. Und er beschließt sie mit dem zusammenfassenden Urteil. „Großartiger und gleichzeitig liebevoll kindlicher (als bei Mechthild) ist Rechtfertigung der ganzen Schöpfung nicht mehr zu denken!"[40]

(5) **Unser Loben, unser Lieben, unser Leiden hat jetzt einen neuen Sinn**

Gott schaltet den Menschen nicht aus. Er schaltet ihn ein. Der Mensch ist nicht nur passiver Empfänger von Gottes Wohltaten. Er ist eingeladen und befähigt mitzuwirken. Ist er doch jetzt – als Gerechtfertigter, als Begnadigter und Begnadeter – eine neue Kreatur, in Christus, wie Paulus immer wieder sagt, von ihm getragen, von seinem Geist erfüllt, Glied an seinem Leibe. Sein Loben, sein Lieben, sein Leiden – ja, auch sein Leiden! – hat jetzt auch in Gottes Augen eine ganz neue Qualität. Es ist sinnvoll. Nichts ist mehr umsonst. Vielmehr ist alles, was wir jetzt tun und erleiden, verdienstlich und des Lohnes würdig, wie der anstößige und missverständliche Ausdruck nun einmal heißt, anstößig deshalb, weil er nur zu leicht vergessen lässt, dass Gott, wenn er unsere guten Taten belohnt, in Wirklichkeit sich selbst belohnt, oder, wie Augustinus es formuliert, dass Gott, „wenn er unsere Verdienste krönt, in Wahrheit seine eigenen Geschenke in uns krönt"[41].

„So wie Kupfer mit Gold verschmolzen vom eigenen Unwert weg verwandelt wird in den Adel des Goldes…, so werden des Menschen Werke, die in sich selber ein Nichts sind, durch Einfügung in meine Werke … in ein Besseres umgewandelt", sagt der Herr zu Mechthild. (Lib III, 14; B 44) Und auch Mechthilds Schwester Gertrud hört, wie der Herr zu ihr sagt: „Alles, was du hast und wodurch du mir gefallen kannst, das hast du aus mir und durch mich." (III, 8; L 71)

Gott **zu loben** ist Mechthilds heißes Begehren, „die Mitte ihrer Spiritualität"[42]. Doch sie leidet darunter, dass sie Gott, so sehr sie sich auch müht, nicht genügend und nicht seiner würdig loben kann. Da erfährt sie von Jesus selbst, wie ein Mensch das anstellen soll: „Er soll seine ... Gebete in Vereinigung mit meinen ... Gebeten Gott dem Vater darbringen, dann steigt es vor Gott in solcher Angenommenheit auf und wird so sehr eins, wie der einheitliche Rauch verschiedener zugleich entzündeter Spezerein unmittelbar zum Himmel dringt." (Lib III, 14; B 44)

Dass der erlöste Mensch aufgerufen ist und befähigt ist, **Liebe zu üben,** sieht Mechthild in dem Bild von dem Herzen, das zugleich empfängt und – weil es empfängt – selber schenkt. Der Herr selbst stellt ihr dieses Bild vor Augen mit den Worten: „Wie ein Menschenherz drei Lebensbahnen hat, eine für die Luft, die es atmet, die andere, wodurch es mit Speise und Trank gestärkt wird, die dritte, auf der es den übrigen Gliedern die Kräfte mitteilt, so hat auch das Herz der Seele drei Lebensbahnen. Auf der ersten zieht sie meinen göttlichen Geisthauch in sich, durch die zweite wird sie mit Gottes Wort... als mit ausgezeichneter Speise gestärkt, auf der dritten liefert sie durch Werke der Liebe den Gliedern Kraft. Und da die Seele keine eigenen Leibesglieder besitzt, so spendet sie ihre Liebe den Gliedern der Kirche, die sie als ihre eigenen erachtet." (Lib III, 11; B 72)

Mechthild weiß, was jeder sieht und jeder weiß: Christus hat uns nicht vom **Leidenmüssen** erlöst. Aber er hat das Leiden selbst erlöst. Alles Leid der Welt hat er getragen. Er hat es zu einem Teil seines eigenen Leidens gemacht. Sein Leiden ist Mit-Leiden mit uns. Unser Leiden ist Mit-Leiden mit ihm, ist von Gott angenommen wie sein Leiden, ist darum so sinnvoll wie sein Leiden, ist darum wie das seine Weg zur Auferstehung.

Joseph Bernhart schreibt: „Der Sohn Gottes ist in allem Mensch geworden. In ihm ist die Tragik geheiligt, weil es offenbar geworden ist, daß sie der Wille Gottes, des Heiligen ist. Selig, wer sich an ihm nicht ärgert… Wir sind nicht von der Tragik der Welt erlöst, sondern hineinerlöst in ihre volle Gültigkeit vor Gott."[43]

Vielleicht trifft Joseph Bernhart mit diesen Worten genau das von Mechthild Erfahrene und Gesagte. Bei ihr lesen wir es gewiss in anderen Formulierungen, aber doch in Formulierungen, die offenbar dasselbe meinen.

Sie hört den Herrn sagen:
- Nimm deine Leiden an.
- Wisse, dass ich sie in und mit dir trage.
- Lege darum auch du deine Leiden in mein Herz.
- Dann wird dir jede Bürde leicht.

Nimm deine Leiden an

„Jeder soll die Gewißheit haben, daß alles ihm Zustoßende, Freudiges wie Leidiges, ihm von Gott aus übergroßer Liebe verliehen sei." (Lib II, 29; B 53) (Wer es fassen kann, der fasse es! Aber so steht es bei Mechthild zu lesen!)

Wisse, dass ich sie in und mit dir trage

„Alles, was du leidest, das erdulde ich wahrhaft in dir." (Lib II, 11; B 75)

Lege darum auch du deine Leiden in mein Herz

„Lege alle deine Leiden in mein Herz hinüber, und ich will sie so ausgezeichnet aufrunden, als je eines Menschen Leiden hat erhoben werden können. Denn wie die Gottheit alle Leiden meiner Menschheit in sich hinüberzog und sich einte, so will ich alle deine Leiden gänzlich in meine Gottheit hinübernehmen, sie mit meiner Passion zusammen zu einer einzigen Sache machen und dir teilgeben an der Verherrlichung, die Gott der Vater meiner verklärten Menschheit für alle meine Leiden zuteil werden ließ." (Lib IV, 43; B 74)

Dann wird dir jede Bürde leicht

„Sie lief eilends zum Fluß und hob einen Wasserkrug auf ihre Schultern; er lastete schwer auf ihr. Da trat der Herr heran und trug mit, und die Bürde wurde ihr leicht." (Lib II, 2; B 71)

3. Das Glaubenszeugnis Gertruds der Großen von Helfta

a) Ihr Leben

Am 6. Januar 1256 wurde sie geboren, offenbar in Thüringen als Kind einer Familie niederen Adels. Näheres weiß man nicht. Doch etwas weiß man: Im Alter von 5 Jahren wurde sie der Klosterschule in Helfta zur Ausbildung anvertraut. Bis zu ihrem Lebensende (13. November 1302) sollte sie in Helfta bleiben, als Schülerin zunächst, als Klosterfrau danach.

Die Äbtissin Gertrud von Hackeborn garantierte ihr eine solide geistige und geistliche Ausbildung. Mechthild von Hackeborn, ihre Lehrerin, wurde ihr zur vertrauten Freundin. Mechthild von Magdeburg blieb ihr ein verehrungswürdiges Vorbild.

Gertrud studierte die sieben freien Künste, die lateinische Sprache, die Bibel, die Kirchenväter, auch mittelalterliche Kirchenlehrer wie Hugo von Sankt Viktor und Bernhard von Clairvaux. Die Feier der Liturgie und die Regel ihres Ordensvaters Benedikt schenkten ihrem Leben Ordnung und Geborgenheit. Sie waren ihr Zuhause.

Sie war intelligent, strebsam und nach ihren eigenen Worten „entschlossen, keinem Mann an Gelehrsamkeit nachzustehen"[44]. Und sie war erfolgreich: ihre Werke zeigen ihre souveräne Kenntnis der lateinischen Sprache und der Theologie – weniger der scholastischen Theologie, wie sie an den Universitäten gelehrt wurde, als vielmehr der „sapientia spiritualis", der nur dem Betenden sich erschließenden geistlichen Weisheit.

Sie war eine ganz normale Nonne – bis zu jenem Montag vor dem Fest Mariae Reinigung des Jahres 1281. (Sie erinnert sich genau an diesen Tag.) Da widerfuhr ihr das, was dem Paulus auf dem Wege nach Damaskus widerfahren war und was später auch der großen Teresa von Ávila widerfahren sollte: der Auferstandene erschien ihr, sprach sie an, verwandelte ihr Leben. Nichts in der Welt kann ihr die Überzeugung nehmen: Es war der Herr. Und er sollte ihr vertrauter Gesprächspartner bleiben bis an ihr Lebensende.

Zuerst wollte sie ihre Erfahrungen für sich behalten. Sie vermochte es nicht. Schriftlich und mündlich machte sie davon Mitteilung. Von Gott selbst fühlte sie sich dazu gedrängt, ja verpflichtet. Es war wie ein Zwang – so wie er es für Paulus, den Apostel, und wie er es für ihre Mitschwestern Mechthild von Magdeburg und Mechthild von Hackeborn gewesen war. Und wie diese drei, so wollte auch sie ein „Evangelium", eine frohmachende Botschaft, verkünden: Bedrückte aufrichten, Verzweifelten Mut machen, Verirrten den Weg weisen. „Mein Gott..., Du hast mich armseliges Geschöpf auserwählt, damit Menschen wieder vertrauen und hoffen können." So schreibt sie selbst (II, 8; L 27), und andere schreiben von ihr: „Wer immer ihre Worte hört, kann nicht

zugrunde gehen, sondern gelangt ‚ohne jeden Irrtum sicher' zu Gott, wie ihr Christus ‚bei meiner Gottheit' zuschwört."[45] Mitschwestern und Außenstehenden erscheinen ihre Worte von beeindruckender Kraft – „wie tief eingetriebene Nägel". (I, 12; L 546)
Sie beschreibt sich selbst als „froh, sorglos und frei"[46], ist aber um so mehr zugänglich für die Sorgen anderer. Viele Stunden verbringt sie im Sprechzimmer, um Hilfesuchende, die von auswärts kommen, aufzumuntern, ihre Fragen zu beantworten, ihnen ihr Gebet zuzusichern.

Gertrud ist sich bewusst, dass Gott selbst durch sie spricht, mehr noch: dass Gott ihr darüber hinaus die priesterliche Vollmacht des Bindens und Lösens gegeben hat. Im vierten Buch ihres Hauptwerks lesen wir die erstaunlichen Worte:

„Da hauchte der Herr sie an und gab ihr den Heiligen Geist: ‚Empfanget den Heiligen Geist! Wem ihr die Sünden vergebt, dem sind sie vergeben…' (Joh 20,22 f.) Sie fragte: ‚Herr, wie kann es dann sein, daß diese Gewalt des Bindens und Lösens allein den Priestern gegeben ist?' Der Herr antwortete ihr: ‚Wenn du eines Menschen Sache in meinem Geist beurteilst und entscheidest, daß dieser unschuldig ist, dann wird dieser ganz gewiß auch von mir als unschuldig befunden werden; wen du aber für schuldig erachten wirst, der wird auch von mir als schuldig erkannt. Ich werde durch deinen Mund reden.'" (IV, 32; L 308)

Sie bestätigt selbst, dass sie – als geistliche Beraterin, ja als Beichtvater (richtiger: Beichtmutter) – von dieser Binde- und Lösegewalt Gebrauch gemacht hat – einer Gewalt, die ihr nicht etwa durch Handauflegung eines Bischofs, sondern von Gott selbst verliehen wurde. So spricht sie daher zu Gott:

„Und du hast darüber hinaus mir unwürdigem Geschöpf die Versicherung gegeben, daß, wer auch immer mit zerknirschtem Herzen und demütigem Sinn mir eine Verfehlung unter Klagen anvertraut, entsprechend, ob ich jene Verfehlung leichter oder schwerer beurteile, Du, barmherziger Gott, jenen Menschen für schuldiger oder unschuldiger befinden wollest. Und durch Deine Gnade kann ich – nach einer Stunde des Gesprächs – jenen Menschen so erleichtern, daß er nicht mehr so schwer von der Verfehlung niedergedrückt werden kann, wie er es vor dem Gespräch war." (II, 20; L 43)

Bei der Ausübung dieser ihrer priesterlichen Funktion geht sie so weit, entgegen aller damaligen Praxis zur häufigen Kommunion zu raten, ja sogar zur damals den Nonnen und Laien vorenthaltenen, nur den Priestern erlaubten täglichen Kommunion.[47]
Sie verschweigt keineswegs ihre priesterliche Berufung – etwa aus falscher Scham oder Bescheidenheit. Weiß sie doch, dass nicht sie selbst, sondern der Herr sie dazu berufen hat: „Du, Herr, Du hast mich, die letzte an Verdiensten, zu berufen gewürdigt"[48] und auf diese Weise dir, dem König, als deine Königin,

und dir, dem Kaiser, als deine Kaiserin zur Seite gestellt.[49]

Dass sie das alles als Frau tat, die doch nach dem von den Männern so gern zitierten Pauluswort in der Kirche zu schweigen hat (1 Kor 14,34), schert sie nicht im geringsten. Im Gegenteil: Sie geht sogar so weit, „Bibelstellen zu ändern, um sich als Frau mit einer Szene identifizieren zu können, wie z. B. wenn sie aus dem ‚verlorenen Sohn' die ‚verlorene Tochter' macht"[50]. Denn hat nicht Paulus eigens darauf hingewiesen, dass in Christus nicht mehr zählt, ob einer Mann ist oder Frau, genau so wenig wie ob einer Jude ist oder Heide (Gal 3,28), und ist nicht Gott selbst dem einen Vater, dem anderen Mutter, Freund oder Gemahl – für jeden das, dessen er bedarf, und für sie – Gertrud selbst – der, der sie wie eine Mutter an der Brust verbirgt, damit sie vor Gefahren sicher sei![51]

Nach ihrem Tod lebte Gertrud weiter in ihren Schriften, in der Erinnerung ihrer Mitschwestern und schließlich in der Verehrung, die ihr allenthalben zuteil wurde – nicht nur von so herausragenden Gestalten wie Teresa von Ávila und Franz von Sales. 1606 wurde einem Benediktinerinnenkloster in Apulien gestattet, sie als Heilige zu verehren, in der Folgezeit auch anderen Klöstern, 1674 dem ganzen Benediktinerorden und 1734 schließlich der ganzen Kirche – übrigens ohne dass je ein förmlicher Heiligsprechungsprozess stattgefunden hätte. Und ohne dass es „von oben" verordnet worden wäre, gab man ihr in Deutschland spontan den Beinamen „die Große".

b) Ihre Schriften

Eine ganze Reihe von Schriften Gertruds sind – und bleiben wohl – verschollen: Gedichte und Gebete, ihre Übersetzung von Teilen der (Vulgata-)Bibel ins Deutsche, ihre Zusammenstellungen von Bibeltexten und Aussprüchen großer Heiliger, ihre Briefe. Erhalten geblieben sind jedoch ihre Hauptwerke: das Exerzitienbuch und das Buch, das den Titel trägt: Legatus divinae pietatis – Bote oder Gesandter der göttlichen Liebe.

Das Exerzitienbuch enthält in sieben Stufen Anleitungen für die Erneuerung und Festigung des Glaubens. Dabei erinnert die Siebenzahl bewusst an die sieben Sakramente und ebenso an die sieben Horen des kirchlichen Stundengebets. Seinen Titel „Geistliche Übungen – Exercitia spiritualia" erhielt es erst im sechzehnten Jahrhundert, zu der Zeit also, zu der auch Ignatius von Loyola seine „Geistlichen Übungen" verfasste.

Der Titel „Gesandter der göttlichen Liebe – Legatus divinae pietatis" dagegen ist der ursprüngliche, von Gertrud selbst so gewollte. Während die Geistlichen Übungen zur Gänze aus Gertruds eigener Feder stammen, schrieb sie von den fünf Büchern des Legatus nur eines – das zweite – selbst. Das geschah etwa 8 oder 9 Jahre nach der umwerfenden, ihr Leben in ganz neue Bahnen lenkenden ersten Christusbegegnung. Die Bücher 3, 4 und 5 enthalten Aufzeichnungen einer Mitschwester. Gertrud hatte ihr von ihren

Erfahrungen berichtet. Sie wurden erst kurz vor Gertruds Tod fertiggestellt. Das erste Buch schließlich wurde gar erst nach ihrem Tode verfasst. Es enthält ihre Lebensbeschreibung, sicherlich voller Legenden, wie es sich bei einer mittelalterlichen Heiligenvita nun einmal nicht vermeiden lässt. Es will Gertrud vorstellen und auf diese Weise eine Einführung sein zu dem, was Gertud selbst uns mitteilt, damit Gott gelobt werde und „alle, die diese Niederschrift lesen, sich freuen und getröstet werden" und „in ihrem Innersten Gottes Nähe erfahren". (Vgl. II, 24; L 58 f.)
Die Werke Gertruds wurden nach ihrem Tode vielfach abgeschrieben. Sie fanden Verbreitung vor allem in Deutschland, in den Niederlanden, in Frankreich und Spanien. Um 1400 wurde unter dem Titel „botte der götlichen miltekeit" eine mittelhochdeutsche Übersetzung erstellt. Eine niederländische Übersetzung folgte 200 Jahre später. Darüber hinaus zirkulierte seit dem 15. oder 16. Jahrhundert ein sogenanntes „Gertrudenbüchlein". Es bot merkwürdigerweise Stoff für Zaubersprüche und abergläubische Praktiken. 1709 wurde es deshalb auf den Index der von der Kirche verbotenen Bücher gesetzt.
Der lateinische Text des Legatus erschien 1536 erstmals im Druck. Eine quellenkritische Ausgabe besorgten die Benediktiner von Solesmes 1875. Zuvor (1862) hatten sie schon die Exercitia spiritualia herausgebracht. In der Reihe der „Sources chrétiennes" wurden in den Jahren 1967 – 1986 sowohl die Exercitia als auch der Legatus neu herausgegeben. Über-

setzungen des Legatus ins Neuhochdeutsche gibt es seit dem 17. Jahrhundert. Die neueste ist die 1989 in Heidelberg erschienene von Johanna Lanczkowski, gefolgt von einer Neuauflage der zuerst 1876 (und seither viele Male) erschienenen Übersetzung von Johannes Weißbrot (Freiburg 2001) sowie einer vorzüglichen lateinisch-deutschen Ausgabe der Exercitia spiritualia, übersetzt und kommentiert von Siegfried Ringler (Elberfeld 2001).

c) Ihre Botschaft

(1) Gott sucht den Menschen

> *„Wenn wir fliehen,*
> *Du folgst uns nach;*
> *kehren wir den Rücken,*
> *Du trittst uns vors Angesicht;*
> *Du flehst voller Demut,*
> *aber Du wirst verachtet.*
> *Aber weder Beschämung noch Verachtung*
> *kann Dich dahin bringen,*
> *Dich abzuwenden;*
> *Du bist unermüdlich,*
> *uns zu jenen Freuden zu ziehen,*
> *die kein Auge gesehen,*
> *die kein Ohr gehört hat*
> *und die noch nie*
> *in eines Menschen Herz gekommen sind." (II, 3, L 18)* [52]

So schreibt, nein, betet Gertrud gleich zu Beginn des zweiten Buches des „Gesandten der göttlichen Liebe".

Es geht nicht darum, jetzt zu fragen, ob das wohl stimmt, dass Gott uns nicht aufgibt, nicht abschreibt, nicht verloren gehen lässt, dass er uns vielmehr sucht, bis er uns gefunden hat. Die Antwort auf eine solche untaugliche Frage kann ohnehin nur heißen: das kann keiner beweisen.
Es geht darum zu vernehmen – und sich vielleicht sogar davon anrühren zu lassen –, welches der Glaube Gertruds ist, woraus sie lebt, woraus sie Freude, Gelöstheit, Dankbarkeit schöpft. Es ist ein Glaube, den sie stets aufs neue bezeugt. Sie tut es in Bildern, die sie geschaut hat und schlecht und recht wiedergibt. Sie tut es in Gebeten voller Vertrauen. Sie tut es in schlichten Aussagen, die gerade dadurch beeindrucken, dass das, was sie sagt, für sie offenbar das Selbstverständlichste der Welt ist, das man gar nicht zu hinterfragen braucht – und es auch nicht sollte. Täte man es, brächte man sich unnötigerweise um den Frieden, den diese Aussagen dem schenken, der sie einfach annimmt und sich davon umfangen lässt.

> *„Vielleicht wolltest Du,*
> *daß ich am eigenen Leibe erfahre,*
> *was der heilige Bernhard sagt."*

So leitet Gertrud die eingangs zitierten Worte ein.

Es ist also mehr als eine abstrakte Doktrin, die sie irgendwo abgeschrieben hat (- nämlich ihrer Meinung nach bei Bernhard von Clairvaux -) und die sie nun weitergibt. Es ist etwas von ihr selbst - „am eigenen Leibe" - Erfahrenes. Es ist etwas, von dem sie Zeugnis ablegen will, von dem sie sagen will: Ich selbst habe es gespürt, erlebt, erlitten, dass Gott so ist, wie Bernhard es gesagt hat. Mir hat er nachgestellt. Mich hat er gesucht. Mich hat er gefunden.
Wieso ihr das zur Gewissheit wurde, beschreibt sie in einem Bild.
Sie weiß nicht, wie ihr geschieht. Sie hat eine Vision, unerwartet, unverhofft. Vor ihr steht ein junger Mann, liebenswürdig, zartgliedrig, schön von Gestalt. Er spricht sie an, von sich aus, und das mit Worten, die betören, bezaubern, verzaubern:

> *„Ich erlöse dich,*
> *und ich werde dich retten,*
> *fürchte dich nicht...*
> *Ich werde dich trunken machen*
> *durch den Strom*
> *meiner göttlichen Wonne." (II, 1; L 14)*

Doch dann schiebt sich zwischen die beiden ein Zaun, unendlich lang, voller Dornengestrüpp, dicht und undurchdringlich. Er aber hebt sie empor, stellt sie sich zur Seite. Wie durch ein Wunder ist das Hindernis überwunden. Er hat es überwunden, er, nicht sie. Nicht sie geht zu ihm. Er kommt zu ihr, neigt sich zu ihr herab, holt sie dort ab, wo sie sich befindet, und bringt sie zu sich hinüber.

In seiner Rechten bemerkt sie die Wundmale. Seine Wundmale! Die, durch die er alles, was gegen sie sprach, zu nichts gemacht hat.

„Von nun an war ich froh." (II, 1; L 14)

Alles Träumereien? Ganz banale Träumereien? Für Gertrud war das, was sie schauen durfte, etwas ganz anderes. Sie deutet es rückblickend mit den Worten:

„Du Wahrheit,
Du Gott,
der Du leuchtender bist als jedes Licht,
tiefer als jedes Geheimnis…
Du
hast den Weg gefunden,
mir Dein Heil zu zeigen." (II, 1; L 13)

Denn so bist Du:
„Du sprichst:
‚Siehe, hier bin ich' (Jes 58,9),
noch bevor du gerufen wirst." (II,2; L 15)

In jubelnder Freude ruft Gertrud deshalb aus:

„Du ewiger Sonnenstillstand,
Du sichere Wohnung,
Du Ort allen Glücks,

> *Du ewiges Paradies.*
> *Du bist wie ein Strom unschätzbarer Freuden,*
> *du bist wie ein blühender, duftender Frühling,*
> *wie eine zauberhaft lockende,*
> *beseligend ergreifende Melodie.*
> *Du bist die Luft, die das Leben spendet." (II, 8; L 28)*

Ihr ganzes Leben lang wird Gertrud dieses eine verkünden:

> *Gott kommt von sich aus,*
> *noch bevor er gerufen wird.*

Was sie im Bild geschaut, wird ihr zum Gebet:

> *„Dein liebendes Erbarmen*
> *läßt um keinen Preis zu,*
> *daß ich zugrunde gehe." (II, 20; L 45)*

> *„Ich habe gar nichts, keine Verdienste, nichts,*
> *nur Deine unendliche Güte." (II, 20; L 46)*

> *„Du hast mich Deiner großen Liebe gewürdigt,*
> *unverdient hast Du mir alles gegeben." (II, 22; L 50)*

> *„Du Leben meiner Seele!*
> *Du bist die Schönheit und Pracht aller Farben,*
> *die Süße allen Wohlgeschmacks,*
> *der Duft aller Düfte,*
> *die Harmonie aller Töne...*

*Du kunstfertigster Handwerker,
mildester Lehrer,
weisester Ratgeber,
gütigster Helfer,
treuester Freund."* (III, 46; L 171)

*„Deine Liebe
hat sich um meine Mangelhaftigkeit gesorgt,
und Du hast beschlossen,
mich durch Deine Liebe zu vollenden."* (II, 20; L 43)

Und was sie im Gebet bekannte, bestätigt der Herr durch Worte wie diese:

*„Alles, was du hast und was du bist,
wodurch du mir gefallen kannst,
das hast du aus mir und durch mich."* (III, 8; L 71)

*„Ohne Unterlaß
hungere und dürste ich in jedem Menschen
nach dessen Heil."* (IV, 18; L 275)

*„Meine Natur, meine Güte zwingt mich,
daß ich...
auch die weniger Vollkommenen
zu mir ziehe."* (III, 16; L 86)

Nicht nur das. Seine Güte geht so weit, dass auch die Verdammten noch eine Chance haben. Lesen wir doch im 3. Buch des „Legatus" die mehr als erstaunlichen Worte:

> *„Die Stunde der heiligen Kommunion nahte... Für die verdammten Seelen wagte sie (Gertrud) ihn nicht zu bitten. Der Herr wies sie wegen ihrer Kleingläubigkeit zurecht und sprach: ‚Sind Erhabenheit und Würde der Gegenwart meines unbefleckten Leibes und Blutes nicht so heilig und mächtig, daß nicht auch Verdammte in ein besseres Leben zurückgeholt werden können?'" (III, 9; L 74)*

Gertruds Schriften darf man auch die folgenden allgemeingültigen Aussagen entnehmen:

> *„Christus liebt den Menschen immer zuerst,
> und in seiner zuvorkommenden Liebe
> entfacht er die Liebe des Menschen."* [53]

> *„Der menschgewordene Gottessohn
> sehnt sich nach dem Menschen,
> lockt den Menschen mit seiner Liebe,
> so wie ein Fuchs seine Beute anlockt."* [51]

Gertrud steht nicht allein. Der Glaube, aus dem und in dem sie lebt, den sie ausstrahlt und bekundet, ist der Glaube der Bibel, und er ist – wie sollte es anders sein! – der Glaube der Christen (wobei ihr Glaube an die Möglichkeit der Rettung von Verdammten vor allem von heiligen Frauen wie Hildegard von Bingen und Therese von Lisieux geteilt wird).
Dazu einige Beispiele – nicht um zu zeigen, dass Gertrud Recht hat (das kann niemand zeigen, das braucht auch niemand zu zeigen, denn darum geht

es ja gar nicht), sondern um zu zeigen, dass sie nicht alleine steht – und um sich darüber zu freuen, dass so viele ihren Glauben teilen.
Im Alten Testament lesen wir:

„Der Herr, dein Gott, ist ein barmherziger Gott. Er läßt dich nicht fallen." (Dtn 4,31)

„Kann denn eine Frau ihr Kind vergessen, eine Mutter ihren eigenen Sohn? Und selbst, wenn sie ihr Kind vergessen würde. Ich vergesse dich nicht... Wort des Herrn." (Jes 49,15.18)

„Die verirrten Tiere will ich suchen, die vertriebenen zurückbringen...
So spricht Gott, der Herr." (Ez 34,16 f)

„Der Hüter Israels schläft und schlummert nicht."
(Ps 121,4)

Im Neuen Testament überliefert uns Lukas die Gleichnisse vom verlorenen Schaf, von der verlorenen Drachme und vom verlorenen Sohn. Er leitet sie ein mit den Worten:

„Alle Zöllner und Sünder kamen zu ihm, um ihn zu hören. Die Pharisäer und die Schriftgelehrten empörten sich darüber und sagten: Er gibt sich mit Sündern ab und ißt sogar mit ihnen.
Da erzählte er ihnen ein Gleichnis und sagte: Wenn einer von euch hundert Schafe hat und eins davon ver-

liert, läßt er dann nicht die neunundneunzig in der Steppe zurück und geht dem verlorenen nach, bis er es findet?" (Lk 15,1-4)

Was die Bibel sagt, sagen auch die Christen:

„Gott, unser Vater, unablässig suchst du jeden, der sich von dir entfernt hat." (Roger Schutz, Prior von Taizé)[55]

„Jesus wird kommen und uns holen, wie fern wir auch sein mögen." (Therese von Lisieux)[55a]

„Wendet man sich von Christus ab, um der Wahrheit nachzugehen, so wird man keine weite Strecke wandern, ohne in sein Arme zu stürzen." (Simone Weil)[56]

„Unermüdlich läßt Gott nicht ab, der Seele nachzustellen, um sie zu fangen, zu ergreifen." (Simone Weil)[57]

„Über die Unendlichkeit von Zeit und Raum hinweg kommt die unendlich viel unendlichere Liebe Gottes, uns zu ergreifen. Sie kommt zu ihrer Stunde. Wir haben die Macht, sie willig in uns zu empfangen oder sie abzuweisen. Verschließen wir ihr unsere Ohren, kommt sie wie ein Bettler wieder und wieder, doch ebenso wie ein Bettler bleibt sie eines Tages aus." (Simone Weil)[58]

Und „daß Jesus im Unterschied zu allen rein menschlichen Helfern keinen je mehr aus seiner Zuwendung entläßt, dessen er sich einmal angenommen hat", schreibt Eugen Biser.[59]

(2) **Der Mensch muss sich finden lassen**

Wenn Gott von sich aus kommt, wenn es nicht unsere Kraftanstrengungen und unsere angeblichen Verdienste sind, die ihn dazu bewegen, sondern einzig seine Liebe und Güte, was kann der Mensch dann selbst noch tun? Kann es dann überhaupt noch Gründe für das Kommen Gottes geben, die beim Menschen liegen?
Die Bibel hält dazu eine ganze Reihe von Antworten bereit.

> *„Auf,* **ihr Durstigen***, kommt alle zum Wasser!*
> *Wer* **kein Geld** *hat, der soll kommen.*
> *Kommt, kauft Brot und eßt und kauft* **ohne Silber***,*
> *kauft Wein und Milch* **ohne Bezahlung***."*

So sieht der Prophet Jesaja das messianische Reich (Jes 55,1), und in immer neuen Bildern zeigt er, dass vor Gott nur die leeren Hände zählen:

> *„Den* **Blinden** *werden die Augen aufgetan*
> *und den* **Tauben** *die Ohren.*
> *Der* **Lahme** *wird springen wie ein Hirsch,*
> *und der* **Stumme** *wird jubeln.*
> *In der* **Wüste** *öffnen sich Quellen,*
> *und Bäche fließen in der* **Steppe***." (Jes 35,5 f.)*

Und der Psalmist betet:

*„Gott, du mein Gott, dich suche ich,
meine Seele dürstet nach dir.
Nach dir schmachtet mein Leib
wie dürres, lechzendes Land **ohne Wasser**."* (Ps 63,2)

Maria bestätigt es in ihrem Magnificat:

*„Hoch preise meine Seele den Herrn.
Denn auf die **Kleinheit** seiner Magd hat er geschaut.
Er zerstreut, die im Herzen voll Hochmut sind,
und erhört die **Niedrigen**.
Die **Hungernden** beschenkt er mit seinen Gaben
und läßt die Reichen leer ausgehen."* (Luk 1,46ff)

Jesus selbst gibt die Antwort in Form von Gleichnissen. Das verlorene Schaf findet alleine nicht den Weg zurück zu seiner Herde. Es kann sich nicht selbst befreien aus dem Dornengestrüpp, in das es womöglich geraten ist. Es bleibt ihm nichts, als zu warten, zu hoffen, ja, und darauf zu vertrauen, dass sein guter Hirte es suchen und auch finden wird. Und dem verlorenen Sohn kam der Gedanke zur Umkehr, als er alles, was er besaß, verschleudert hatte, bettelarm war und niemanden fand, der seinen Hunger gestillt hätte. Und da, als er am Ende seiner Kräfte und aller seiner Illusionen war, da war er bereit und fähig, dem Gedanken, dass er noch einen Vater hatte, Raum zu geben und von diesem Gedanken sein weiteres Tun bestimmen zu lassen.
Hungrig sein, arm, klein, verloren – das also nennt

die Bibel als Voraussetzung dafür, dass Gott den Menschen findet und mit seinen Gaben beschenkt.

Und Gertrud, was gibt sie selbst zur Antwort auf die eingangs gestellte Frage?
Ihre Antwort formuliert Gertrud in ihren Geistlichen Übungen mit den Worten:

„Vor dir steht die leere Schale meiner Sehnsucht."[60]

Sie sagt damit ein mehrfaches:

- leer sein
- sein Leersein bekennen
- sich mit dem Leersein nicht zufrieden geben, sich nicht in sich verschließen, sondern offen sein wie eine Schale und sich nach Erfüllung sehnen
- darauf bauen und vertrauen, dass diese Sehnsucht nicht ins Leere geht.

Das erste ist: leer sein

„Ich verlange nichts anderes," so hört sie den Herrn ihr sagen, „als daß du leer kommst, um mich aufzunehmen." (IV, 26; L 300) Denn – so stellt Gertrud als für alle geltend fest: „je weniger ein Mensch in sich selber findet, dessen er sich in eitler Weise rühmen und sich darüber freuen könnte, um so vieles größer ist die Freude Gottes an ihm." (III, 22; L 106) Und auch das sagt ihr der Herr: „Eine Mutter hat ihre bekleideten Töchter um sich, die sitzen zu ihren Füßen. Das kleine Kind aber, das nackt ist, nimmt sie auf ihren Schoß, umhüllt es mit ihren eigenen Kleidern, wärmt es und schließt es in die Arme." (V, 8; L 445)

Das zweite ist: sein Leersein bekennen – und das heißt: demütig sein

Das Leersein ist nicht alles. Man muss es auch zugeben. Ausdrücklich fordert der Herr Gertrud auf: „Erkenne und begreife, aus dir selbst hast du gar nichts." (III, 8; L 71) Gertrud kommt dieser Aufforderung nach. „Sie hielt sich selbst für ein Nichts" (III, 9; L 73). Sie nannte sich „ein armseliges Würmchen"[61], war in ihren Augen „unter allen Menschen die Unwürdigste" (II, 22; L 50), nur „Asche und Staub"[62]. Sie weiß, dass sie nicht alles hat, nicht alles weiß, nicht alles kann. Sie akzeptiert ihr eigenes Ungenügen. Sie ist demütig. Im tiefsten Tal der Demut will sie sich niederwerfen.[63]
Sicherlich ist es nicht von ungefähr, dass sie dem Bericht über ihre erste umwälzende Begegnung mit dem unfassbaren Gott etwas voranstellt, was auf den ersten Blick ganz nebensächlich zu sein scheint. Sie erwähnt, dass sie – gemäß der Ordensregel – eine ältere Schwester gegrüßt habe, indem sie vor ihr den Kopf neigte, eine Geste, die der Ordensvater Benedikt als letzte Stufe der Demut preist. (Vgl. II, 1; L 13f)
Dabei ist Demut im Grunde einfach „Selbstvollzug des Menschen als Geschöpf"[64]. Für Bernhard von

Clairvaux ist Demut schlicht der Weg zur Wahrheit.[65] Darum kann F. M. Dostojewski sagen: „Die Demut ist die ungeheuerlichste Kraft auf der Erde."[66] Und der Wiener Logopäde Viktor Frankl nennt Demut „ein Zeichen innerer Stärke" [67].

Das dritte ist: sich mit dem Leersein nicht abfinden, sondern sich sehnen nach Erfüllung

Gerade die Erkenntnis der Begrenzheit des Menschen, seiner Gebrechlichkeit, seines fortwährenden Scheiterns weckt die Sehnsucht.

Gertrud erinnert sich:
„An einem Tag zwischen Ostern und Himmelfahrt betrat ich vor der Prim den Hof und setzte mich an den Fischteich. Der liebliche Platz zog mich an, er gefiel mir: das klare vorüberfließende Wasser, die umstehenden Bäume im lichten Grün und die Vögel, besonders die Tauben, die so frei umherflogen. Und dazu die verschwiegene Ruhe des verborgenen Sitzplatzes. Da begann ich im innersten Herzen zu überdenken, was ich wohl für mich daraus entnehmen könnte, eben weil die Anmut des Platzes so vollkommen schien.

Und als ich alles im Herzen bewegte,
da hatte ich nur ein Verlangen:
Hätte ich einen Freund,
liebenswürdig,
auch gesellig,

vor allem aber voller Verständnis,
der auf mich und meine Not im Herzen eingehen würde;
dieser liebe Freund,
er wäre mir Trost in meiner Einsamkeit." (II, 3; L 16 f)

Ganz konkret weiß sie:

„Was ich von Herzen ersehne:
Deine Gegenwart." (II, 4; L 21)

Ihr war es geschenkt, ihr Sehnen erfüllt zu sehen. Darum konnte sie schreiben:

„Gott hat größere Freude
an einem solchen sehnsuchtsvollen Menschenherzen,
als je ein Mensch haben kann
an blühenden, duftenden Frühlingsblumen." (IV, 30;
L 124)

Das vierte schließlich ist: darauf vertrauen, dass es einen gibt, der diese Sehnsucht stillt

Ihr selbst war es geschenkt, die Erfüllung ihrer Sehnsucht schon hier auf Erden zu erleben. Nicht nur das eine: „Vor Sehnsucht brennend und fast vergehend stand ich zögernd da." (II, 1; L 14). Sondern auch das andere: „Du hast mich Deiner sichtbaren Gegenwart gewürdigt." (II, 2; L 15) „In meinem Herzen aus Staub fühlte ich: Du bist angekommen." (II, 3; L 17) Darum ist sie in der Lage, aus eigener innerster

Überzeugung dazu zu mahnen, nicht zu verzweifeln, die Hoffnung nicht aufzugeben; vielmehr darauf zu bauen, dass die Sehnsucht nicht ins Leere geht.

Von sich selber schreibt sie:

> *„Aus mir selbst habe und vermag ich gar nichts. Ich will meinem Herrn in Demut* **und Vertrauen** *entgegengehen." (III, 18; L 95)*

Und sie betet:

> *„Gib mir, daß ich allezeit*
> *Deiner erbarmenden Liebe vertraue." (II, 20; L 47)*

> *„Und wenn Du siehst,*
> *daß wir voll Vertrauen*
> *uns auf Deine Hilfe verlassen,*
> *dann kämpfst Du für uns unseren Kampf." (II, 11; L 32)*

Darum lässt sie nicht nach zu beten:

> *„Mein liebster Herr,*
> *ich vertraue aus ganzem Herzen*
> *auf Deine Allmacht und Güte." (III, 14; L 81)*

Andere mahnt sie:

> *„Immer wenn ein Mensch sich der Güte Gottes übergibt,*
> *sich seiner Gnade und Vorsehung anvertraut,*

dann wird der Herr ihn in seine besondere Obhut nehmen." (III, 71; L 180)

Gottes heilendes und Heil bringendes Wirken „wird erlangt durch gläubiges Vertrauen, in dem der Mensch sich ganz Gott überläßt, fest und zuversichtlich der göttlichen Güte vertraut, die alles, ob Glück oder Unglück, für den Menschen zum Heil wirkt." (III, 38; L 136)

„Die gläubige Seele soll in festem Vertrauen sich und alles Ihrige völlig der göttlichen Fügung überlassen." (III, 53; L 156)

Und ihre Biographin berichtet von ihr:

„Immer hatte sie das unerschütterliche Vertrauen in die gütige Barmherzigkeit Gottes..., weil sie ganz sicher wußte, daß, ob äußere oder innere Widrigkeiten, Gott alles ihr zum Guten wirkt (Rö 8,28)." (I, 10; L 536 f.)
„Auch alle anderen Geschenke geistlicher Gaben, die sie empfing, schrieb sie allein dem Vertrauen zu." (I, 10; L 538)
„Von ihr konnte wahrhaft gesagt werden: Wer auf Gott vertraut, ist stark wie ein Löwe (Spr 28,1)." (I, 10; L 539)
Und wer kann das schon und tut das schon – seine Kleinheit erkennen und bekennen, die Hoffnung nicht fahren lassen, die Sehnsucht nicht begraben, Vertrauen haben, dass nichts umsonst ist, nichts vergebens, dass es ein Ziel gibt, das alle menschlichen Erwartun-

gen erfüllt, ja übererfüllt, und dass dieses Ziel erreichbar ist und auch erreicht werden wird, mag es noch so oft und noch so sehr hinter dunklen Wolken verborgen sein, dass es sich darum lohnt zu leben?

Getrud erfährt die Antwort in einer Vision:

"Der Herr ... blickte sie voller Mitleid und Liebe an ...; dann schickte er ihr seine Demut entgegen ..., und er bekleidete sie damit wie mit einer violetten Tunika; er schickte ihr die Hoffnung entgegen ..., und so wurde sie mit hellem Grün geschmückt; er schickte ihr seine Liebe entgegen ..., und so wurde sie in einen goldenen Mantel gehüllt; er schickte ihr seine Freude entgegen ..., und damit wurde ihr eine goldene Krone aufgesetzt; er schickte ihr zuletzt sein Vertrauen entgegen ..., und damit wurden ihr gleichsam Sandalen angezogen. So konnte sie würdig vor ihn treten." (III, 18; L 95 f.)

Das Erkennen seines Versagens, die unausrottbare Hoffnung, das blinde Vertrauen – alles ist Gnade und damit Anwesenheit Gottes.

(3) Von Gott gefunden worden zu sein, heißt: nicht mehr alleine sein

1. Was das für Gertrud bedeutete

- Sie hat einen Freund, den Freund, nach dem sie sich sehnte.

- Er ist ihr Bruder, Schwester, Vater, Mutter, ja Bräutigam und Gemahl.
- Er schenkt sich ihr – sein Herz, seine Liebe, seine Gottheit – und auch seine heiligen fünf Wunden.
- Sie schenkt sich ihm – ihr Herz, ihre Gebete, ihre Sorgen, ihre Leiden.
- Er nimmt sie an, ergänzt, was menschliche Schwäche ist an ihr.
- Sie ist glücklich, selig, frei – möchte nur noch jubeln, so wie es einst die Jungfrau Maria tat, als sie ihr Magnificat sang.

Alles das beschreibt Gertrud in immer neuen Bildern, die alle darin übereinstimmen, dass sie das von ihr Erfahrene nur andeuten können und darum immerzu wiederholt, ergänzt oder durch andere Bilder ersetzt werden müssen, die das Gemeinte genau so wenig adaequat zur Aussage bringen.

Hier einige Beispiele, Kostproben gewissermaßen.

Er ist mein Freund

„Der Herr erwies ihr liebevolle Zuneigung, wie niemals ein Freund sie verständnisvoller einem Freunde zeigen kann." (III, 10; L 75)

„Sie legte dem Herrn alle Fehler ihrer Seele offen dar, wie ein Freund seinem Freund."
(IV, 35; L 314)

Er ist mein Bräutigam

„Du hast mich so verwandelt, daß Du in Hinkunft wie im eigenen Hause ein Freund mit dem Freunde oder der Bräutigam mit der Braut vertrauten Umgang hast." (II, 23; L 52)

„Du Leben meiner Seele! Du treuester Freund! Du süßester Bräutigam!" (III, 66; L 171)

Der Herr zu ihr: „Ich werde für dich ein Lied singen, süßer als ein Liebeslied, nämlich ein Brautlied." (III, 8; L 70)

Er schenkt mir sein Herz – das heißt sich selbst

„Da bot ihr der Herr sein Herz dar." (III, 63; L 165)

„Er hatte ihr … sein Herz gegeben als Unterpfand der Liebe und aller Freuden und aller Tröstungen, die er ihr von da an … gewährte." (V, 4; L 433)

(a) Seine Leiden sind fortan auch meine Leiden

„Ich las in Deinen Wunden Deinen Schmerz und Deine Liebe." (II, 4; L 21)

„Du hast meinem Herzen die anbetungswürdigen Male Deiner heilswirksamen Wunden eingeprägt." (II, 23; L 53)

(b) Seine Gottheit ist fortan auch meine Gottheit

„Er hat mich neu gemacht und mich an Kindes Statt angenommen." (II, 8; L 27)

Der Herr zu ihr: „Von meiner göttlichen Liebe bezwungen kann ich dir sagen: ‚Dies ist mein geliebter Sohn, an dem ich Wohlgefallen gefunden habe.' (Mt 17, 5)" (III, 12; L 79)

„Sie zauderte nicht, mit Gott, dem Herrn des Universums, umzugehen wie eine ihm Gleiche." (I, 10; L 537)

„Du hast das unschätzbare kostbare Gold Deiner Gottheit mit mir vereint." (II, 4; L 20)

„So hat der Herr gewirkt, daß sie ... durch seine Gottheit mit ihm vereint wurde." (III, 17; L 91)

Ihm schenke ich mein Herz und damit mich selbst

„Einmal erschien ihr der Herr Jesus, er forderte ihr Herz von ihr mit den Worten: ‚Gib mir dein Herz, meine Geliebte' (Spr 23,26). Sie tat es mit Freuden." (III, 67; L 172)

„Sie aber brachte dem Herrn ihr Herz dar und sprach: ‚... Mein liebster Herr und Gott, gib, daß mein Herz immer bei Dir ist.'" (III, 30; L 114)

Und er nimmt mich an – auch meine Unzulänglichkeiten

„Du sprachst...: alle deine Wünsche, deine Hoffnung, deine Freude, dein Schmerz, deine Furcht und alle deine anderen Empfindungen sollen in meiner Liebe festgehalten und bewahrt werden." (II, 5; L 23)

Der Herr zu ihr: „Für mein göttliches Ohr sind alle Worte deines Mundes wie bezaubernde Musik." (III, 50; L 152)

„Der Herr belehrte sie durch ein Gleichnis: ‚Wenn einem Leser dieses Buches die Schrift zu klein und schwer zu lesen erscheint, dann nimmt er eine Brille, durch die die Schrift vergrößert wird; das geschieht aber nicht von seiten des Buches, sondern durch die Brille. So ersetze ich aus dem Übermaß meiner Liebe, was ich an dir unvollkommen finde.'" (I, 16; L 560)

„Der gütige Herr ergänzte und vervollkommnete alles, was sie versäumt hatte." (IV, 1; L 210)

Der Herr zu ihr: „Wie ein treuer Knecht seinem Herrn immer gern zu jedem Dienst bereit steht, so wird mein Herz dir immer helfen, um alle Nachlässigkeiten jederzeit für dich zu ergänzen." (III, 35; L 108)

Die Erfahrung der Nähe des Herrn ist Anlass zu überströmender, jubelnder Freude

Ähnlich wie Franz von Assisi in seinem Sonnengesang, so lädt auch Gertrud das ganze Universum ein, den Herrn zu preisen. Ist er doch für sie Ort allen Glücks, ewiges Paradies, ein Strom unschätzbarer Freuden, wie eine zauberhaft lockende beseligend ergreifende Melodie. (Vgl. II, 8; L 28)

Darum singt sie in der sechsten Übung der Exerzitien voller Überschwang mit dem ihr eigenen dichterischen Talent:

*„Es jauchzen Dir
alle Sterne des Himmels,
die Dir mit Freuden leuchten...
Es jauchzen Dir
die wunderbaren Werke des gesamten Universums,
alles im Umkreis des Himmels, der Erde und des Abgrunds...
Es jauchzen Dir
mein Herz und meine Seele
mit der ganzen Substanz meines Fleisches und Geistes
und aus der Wirkkraft des gesamten Universums.
Denn Dir sei aus allem, durch alles und in allem Ehre und Herrlichkeit in Ewigkeit."*[68]

2. Was es für uns bedeutet, von Gott gefunden zu sein und Gott gefunden zu haben

Es bedeutet für uns dasselbe wie für Gertrud. Allerdings ist es nur wenigen geschenkt, Gottes Nähe so lebendig zu verspüren, wie es Gertrud gegeben war, und davon so hingerissen zu sein, dass man am liebsten nur noch singen und zugleich alle Welt durcheilen möchte, um auch anderen von der umwälzenden Freude, die man erfahren hat, Mitteilung zu machen.
Paulus gehört zu denen, denen es ähnlich erging wie Gertrud. Auch er hatte den Herrn leibhaftig vor sich gesehen. Er war von der Wirklichkeit und der bleibenden Nähe des Auferstandenen so erfüllt, dass er – ähnlich wie Gertrud – Jubellieder sang („O Tiefe des Reichtums, der Weisheit und der Erkenntnis Gottes" (Röm 11,33). Vor allem weiß er: was für mich gilt, gilt auch für euch. Mein Herr ist auch euer Herr. Darum schreibt er ungeniert und ohne Bedenken den Fischern, Händlern, Kaufleuten in Korinth und anderswo: Auch in euch lebt der Herr, und ihr lebt in ihm, auch eure Leiden werden aufgefangen und mitgetragen von Jesu Leiden, auch euer Versagen wird ergänzt durch das Übermaß an „guten Werken", die Er vollbracht hat, so dass um seinetwillen auch ihr vor Gott bestehen könnt, auch ihr seid eine neue Kreatur, auch ihr seid Tempel des Heiligen Geistes, auch ihr seid nicht mehr Knechte, sondern Kinder, angenommen an Sohnes Statt, auch eure wahre Heimat ist der Himmel.

Ähnlich will auch Gertrud aller Welt verkünden: So wie er mein Gott ist, so ist er auch euer aller Gott. Er sucht euch, wenn ihr euch verirrt habt. Er lässt euch nicht allein. Er will euch Bräutigam sein, Freund und Bruder, Vater und Mutter – jedem das, was er braucht. Er ergänzt, was ihr falsch oder halb oder gar nicht gemacht habt. Er will in euch wohnen und euch in sich hineinholen. Er will euer Leben und euer Leiden teilen. Denn auch wenn er euch nicht von dem Leiden erlöst hat, so hat er doch – weil er es selbst getragen hat, auch unser Leiden! – das Leiden selbst erlöst und von seiner Sinnlosigkeit befreit.

Hier einige wenige Zitate aus Gertruds Schriften, die doch ausdrücklich dazu bestimmt sind, auch uns aufatmen zu lassen. (Vgl II,8; L 27)

Wir haben einen Freund

„In der Tat ist Gott allen das, was jeweils ihrem Verlangen oder Vermögen entspricht: dem einen Mutter, dem anderen Freund oder Gemahl." [69]
„Der Herr, dessen Freude es ist, bei den Menschenkindern zu sein (Spr 8,31), findet oft in einem Menschen nichts, das diesen würdig und fähig machen könnte, den Herrn aufzunehmen. Deshalb schickt der Herr Nöte und Bedrängnisse des Körpers und des Geistes. Denn so hat er Anlaß und Gelegenheit, bei diesem Menschen zu sein, wie die Schrift sagt: ‚Nahe ist der Herr denen, die zerbrochenen Herzens

sind' (Ps 34, 19), und: ‚Ich bin bei ihm in der Not' (Ps 91,15)." (II, 32; L 129)

„O Gott, der Du uns Vater und Mutter bist." (II, 16; L 37)

„Du milder, heiligender, helfender Gott, Du schenkst Ströme Deiner Güte, Deiner Liebe allen an jedem Ort zu jeder Zeit bis in Ewigkeit." (II, 6; L 25)

Dieser Freund trägt unsere Leiden mit

„Der Herr zu Gertrud: ‚Elegante Damen tragen bei sich lieber angenehm duftende Riechfläschchen als andere Geschenke, um sich an dem Wohlgeruch zu erfreuen. So werde ich sehr erfreut durch die Herzen der Menschen, die ihre Nöte in Demut, Geduld und Dankbarkeit meiner väterlichen Liebe anvertrauen, die denen, die Gott lieben, alle Dinge zum Heil und alles Unglück zum Guten wandelt.' (Rö 8,28)" (IV, 12; L 253)

„Meine unfaßbare göttliche Liebe zwingt mich, in allen Widrigkeiten mit dir zu leiden." (IV, 23; L 283)

„Der Sohn Gottes ist vom Vater gesandt, um die zu heilen, die zerbrochenen Herzens sind; er bedrückt und verletzt darum seine Auserwählten durch Kummer und Leiden, zuweilen von außen kommend, damit er Gelegenheit hat, sie zu heilen." (III, 30; L 116)

Er will das, was schlecht ist in uns, auslöschen, und das, was uns fehlt, ergänzen

„Der Sohn Gottes beugte vor Gott dem Vater voller Ehrfurcht die Knie und sprach: ‚Ich, Dein Eingeborener, bin mit Dir gleich ewig und gleichen Wesens, in meiner unergründlichen Weisheit erkenne ich von Grund auf die Schwäche menschlicher Gebrechlichkeit, so wie jene oder irgendeiner der Menschen sie kennen kann, und weil ich mit ihrer vielfältigen Schwachheit ebenso vielfältiges Mitleid habe und alle ihre Fehler zu ergänzen wünsche, opfere ich, heiliger Vater,... mein göttliches Herz für alle ihre Vergehen.'" (IV, 17; L 271 f.)

Gertrud: „Deine Liebe zwingt Dich, unsere Übel auszutilgen." (V, 30; L 498)

Der Herr: „Was du versäumt hast, habe ich für dich ersetzt." (III, 41; L 139)

„Der Herr zu ihr: ‚Auf Erden habe ich mich abgemüht, alle irdischen und fleischlichen Freuden und Verkehrungen des Willens, in die das Menschenherz verfällt, wiedergutzumachen.'" (IV, 15; L 265)

„Es ist der väterlichen Milde Gottes unmöglich, dem Menschen nicht Barmherzigkeit zu erzeigen."[70]

„Seine Gerechtigkeit wird umschlossen von seiner Barmherzigkeit."[71]

„In meiner unergründlichen Weisheit erkenne ich von Grund auf die Schwäche menschlicher Gebrechlichkeit, so wie irgendeiner der Menschen sie kennen kann. Und weil ich mit ihrer viefältigen Schwachheit ebenso vielfältiges Mitleid habe, wünsche ich alle ihre Fehler zu ergänzen." (IV,17; L 271 f.)

Er will sich selbst uns schenken und uns in sich verwandeln

Sabine Spitzlei schreibt von Mechthild von Hackeborn und Gertrud der Großen:
„Beide Mystikerinnen sind recht eigentlich Künderinnen der unbedingten Liebe Gottes zum Menschen, die jedem einzelnen in der Verborgenheit seines Lebens mit Gott zukommt. In Jesus Christus, in seiner Menschwerdung, in seinem Leben und Sterben gibt sich Gott als Freund, dessen ganze Sehnsucht die Vergöttlichung oder das Heilwerden des Menschen ist."[72]

„Warum zweifelst du an mir, dem allmächtigen und gütigen Gott? Sollte ich nicht vermögen, was jeder beliebige Mensch auf Erden kann? Daß er nämlich seine Freunde mit dem Gewand oder Schmuck bekleidet dem seinigen ähnlich, und dafür sorgt, daß sein Freund herrlich in dem gleichen Schmuck erglänzt, in dem er selbst strahlt?" (III, 34; L 132)

„Oft sollst du zu mir sagen, daß deine Seele nach mir dürstet. Meine Liebe und Güte, deren Verlangen und Ziel das menschliche Heil ist, treiben mich, daß ich jedes Gut, das ein Auserwählter von mir begehrt, so ansehe, als habe er mich begehrt." (III, 32; L 129)

Und in Gertruds Geistlichen Übungen findet sich ein Wort Jesu, das für sie und für alle gilt: „Was ich von Natur aus bin, das soll sie aus Gnaden werden."[73]

ANMERKUNGEN

[1] Zitiert nach *Walter Repges*, Johannes vom Kreuz. Der Sänger der Liebe, Würzburg 1985, 115.

[2] So in seiner Einführung zu *Mechthild von Hackeborn*, Das Buch vom strömenden Lob, Einsiedeln 1955, 12. H. U. von Balthasar macht sich dabei das Urteil zu eigen, das Matthäus Widder in seinem Büchlein „Geistliches Leben" (Einsiedeln 1909) vorgetragen hatte.

[3] Mechthild von Magdeburg zitiere ich unter Angabe des Buches und des Kapitels nach: *Mechthild von Magdeburg*, Das fließende Licht der Gottheit, Zweite, neubearbeitete Übersetzung von Margot Schmidt, Stuttgart – Bad Cannstadt 1995.

[4] Hier zitiert nach *Herbert Grundmann*, Religiöse Bewegungen im Mittelalter, Hildesheim 1961, 189.

[5] Zitiert nach *Adam Wienand*, Über die Entstehung und Frühzeit der Cistercienserinnen-Klöster, in: *A. Schneider, A. Wienand, W. Bickel, E. Coester* (Hg.), Die Cistercienser, Köln 1974, 344.

[6] Nach *H. Grundmann*, a. a. O. 322.

[7] J. von Vitry berichtete darüber in einem uns erhaltenen Brief, den er an seine Freunde in Flandern richtete. Vgl. dazu *A. Wienand*, a. a. O. 343.

[8] Hier zitiert nach *A. Wienand*, a. a. O. 351.

[9] Vgl. dazu *Bardo Weiß*, Margareta von Magdeburg – Eine gelähmte Mystikerin des 13. Jahrhunderts, Paderborn 1995.

[10] *Arnold Angenendt*, Geschichte der Religiosität im Mittelalter, Darmstadt 1997, 370.

[11] Zitiert nach *W. Repges*, a. a. O. 115.
[12] Wenn nicht anders vermerkt, zitiere ich aus Gertruds Werk: Legatus divinae pietatis – Gesandter der göttlichen Liebe – nach der Übersetzung von Johanna Lanczkowski, Heidelberg 1989, und zwar unter Hinweis auf Buch und Kapitel und die Seite dieser Übersetzung.
[13] So *Peter Dinzelbacher*, Europäische Frauenmystik des Mittelalters, in: *Peter Dinzelbacher und Dieter R. Bauer* (Hg.), Frauenmystik im Mittelalter, Ostfildern bei Stuttgart 1985, 11 ff., hier 14.
[14] Hier zitiert nach *P. Dinzelbacher*, Mittelalterliche Frauenmystik, Paderborn 1993, 16 f. Vgl. auch *A. Angenendt*, a. a. O. 550. Dort bringt er ein Zitat von Jakob von Vitry, worin dieser beschreibt, wie die „Gottesbräute" mitunter tagelang in Verzückung seufzten.
[15] *Ulrich Köpf*, Bernhard von Clairvaux in der Frauenmystik, in: *Dinzelbacher u. Bauer* (Hg.), a. a. O. 48 ff., hier 66 f.
[16] Zitiert nach *Margot Schmidt*, Einleitung zu (der von ihr besorgten Übersetzung von) *Mechthild von Magdeburg*, Das fließende Licht der Gottheit, IX.
[17] Margot Schmidt hat diesen Satz in ihre 1956 im Benziger-Verlag in Einsiedeln – Zürich – Köln erschienene Übersetzung von „Das fließende Licht der Gottheit" aufgenommen, nicht aber in die 1995 in Stuttgart – Bad Cannstadt erschienene, offenbar, weil sie ihn als späteren Zusatz (der lateinischen Ausgabe) erkannt hat. (Vgl. dazu ihren Beitrag „Frau Pein, Ihr seid mein nächstes Kleid. Zur Leidensmystik im ‚Fließenden Licht der Gottheit' der Mechthild von Magdeburg", in: *Gotthard Fuchs* (Hg.), Die dunkle Nacht der Sinne – Leiderfah-

rung und christliche Mystik, Düsseldorf 1989, 63 ff., hier 64. Dort übersetzt sie: „In diesem Buch werden alle Traurigen und Verwirrten Trost finden."

[18] Zitiert nach Margot Schmidts 1995 erschienener Übersetzung des „Fließenden Lichts …", S. 3. Vgl. auch *M. Schmidt*, Frau Pein …, a. a. O. 64.

[19] Vgl. dazu *Carlo M. Martini*, Christus entgegen. Meditationen für jeden Tag, Freiburg – Basel – Wien 1994, 329.

[20] Vgl. *Augustinus*, Bekenntnisse, Buch I, 4, 4 und 5, 5.

[21] So in Mechthilds Werk: Liber specialis gratiae, V, 30. Hier zitiert nach *Peter Dinzelbacher*, Christliche Mystik im Abendland, Paderborn 1994, 229.

[22] Lib V, 30. Hier zitiert nach *P. Dinzelbacher*, a. a. O. 229.

[23] Lib II, 43 und V, 31. Hier zitiert nach *Margot Schmidt*, Die Kraft des Herzens, in: *Michael Bangert – Hildegund Keul* (Hg.), Vor dir steht die leere Schale meiner Sehnsucht – Die Mystik der Frauen von Helfta, Leipzig 1998, 112 ff., hier 127.

[24] So *P. Dinzelbacher*, a. a. O. 231.

[25] Liber I, 31. Hier zitiert nach *Mechthild von Hackeborn*, Das Buch vom strömenden Lob. Auswahl, Übersetzung und Einführung von Hans Urs von Balthasar, Freiburg 2001, 22. Im folgenden zitiere ich stets, wenn nicht anders vermerkt, unter Angabe von Buch u. Kapitel der Ausgabe von Solesmes und der Seitenzahl dieser Übersetzung.

[26] So im 4. Buch des Gesandten. Hier zitiert nach *Johanna Schwalbe*, Durst nach Leben, Leipzig 1998, 119 f.

[27] Etwa in seinen Confessiones I, 4, I, 7 und XII, 7.

[28] *Raissa Maritain*, Les grandes amitiés, Paris 1988, 38 f.

[29] *Carlo M. Martini*, a. a. O. 31.

30 Hier zitiert nach *Friedrich Nietzsche*, Fröhliche Wissenschaft, Nr. 285.
31 Liber I, 11. Hier zitiert in Anlehnung an die niederländische Übersetzung von *R. L. J. Bromberg*, Mechthild van Hackeborn, Nijmegen 1965, 69. Bei Hans Urs von Balthasar S. 50.
32 Liber I, 13. Hier wiedergegeben im Anschluss an die niederländische Übersetzung von *Bromberg*, a. a. O. 51.
33 Liber II, 19. Hier zitiert nach *Sabine B. Spitzlei*, Erfahrungsraum Herz. Zur Mystik des Zisterzienserinnenklosters Helfta im 13. Jahrhundert, Stuttgart – Bad Cannstatt 1991, 126.
34 *Johannes vom Kreuz*, Sämtliche Werke, 4. Band (Die lebendige Flamme, die Briefe und die kleinen Schriften), Einsiedeln 1964, 192.
35 Liber IV, 2 (hier in der Übersetzung von *Spitzlei*, a. a. O. 160).
36 A. a. O. 14 f.
37 Liber I, 10. Hier zitiert nach *Bromberg*, a. a. O. 95.
38 Liber I, 18. Hier zitiert nach *Alois Maria Haas*, Mechthild von Hackeborn. Eine Form zisterziensischer Frauenfrömmigkeit, in: *K. Elm* (Hg.), Die Zisterzienser. Ergänzungsband, Köln 1982, 232 f.
39 *A. M. Haas*, a. a. O. 234.
40 *A. M. Haas*, a. a. O. 235 f.
41 *Augustinus*, Epistola 194, 19 (PL 33, 881) sowie De gratia et libero arbitrio 6, 15 (PL 44, 891).
42 *Bardo Weiß*, a. a. O. 140. Vgl. *Bromberg*, a. a. O. 54: „Die zentralste Äußerung ihrer Religiosität: Dankbarkeit und Lob."
43 *Joseph Bernhart*, De profundis, München 1952, 183.

44 Hier zitiert nach *Maria Laetitia Brede*, Gertrud von Helfta, in: *Peter Manns* (Hg.), Die Heiligen in ihrer Zeit, Band II, Mainz 1966, 62 ff., hier 64.
45 Zitiert nach *Peter Dinzelbacher*, Christliche Mystik im Abendland, Paderborn 1994, 226. Dinzelbacher verweist dabei auf Legatus IV, 14, 1.
46 So in ihren Exercitia spiritualia, Buch VI. Hier zitiert nach *G. J. Lewis*, Das Gottes- und Menschenbild im Werk der mittelalterlichen Mystikerin Gertrud von Helfta, in: Geist und Leben, 1 – 1990, 53 ff., hier 69. Vgl. die lat.-dt. Ausgabe von *Ringler*, 209. (Dazu S. 108 oben.)
47 Vgl. dazu *Lewis*, a. a. O. 65 f.
48 Nach *Lewis*, a. a. O. 62. Lewis verweist dabei auf Legatus II, 20, 10, 4 f.
49 Vgl. *Lewis*, a. a. O. 61, wobei Lewis auf Legatus IV, 2, 15, 12 f. verweist.
50 So *Lewis*, a. a. O. 58 unter Hinweis auf Gertruds Exercitia spiritualia IV, 184´. Vgl. *Ringler* 111.
51 So *Lewis*, a. a. O. 55 f. unter Hinweis auf Legatus IV, 1, 2 und Legatus V, 23, 3, 6 ff.
52 In Gertruds Augen genießen diese Worte mehr als ihre eigenen – Gertruds – Autorität. Sind es doch, wie sie eigens sagt und wovon sie offenbar überzeugt ist, Worte des von ihr (und überhaupt allen Zisterziensern und Zisterzienserinnen) hochverehrten heiligen Bernhard von Clairvaux. Nur: in der Übersetzung von Lanczkowski fehlt jeder Hinweis auf die genaue Quelle, und die in der Reihe der Sources Chrétiennes 1968 (zusammen mit dem lateinischen Text) erschienene französische Übersetzung bemerkt dazu in einer Anmerkung lakonisch: „Texte non identifié". Für

Gertrud aber war es ein Bernhard-Text, und zwar einer, mit dem sie sich voll und ganz identifizierte.

[53] So *Spitzlei*, a. a. O. 136 unter Hinweis auf Legatus III, 65.

[54] So *Lewis*, a. a. O. 57 unter Hinweis auf Legatus IV, 5 und III, 21.

[55] *Frère Roger*, In allem ein innerer Friede, Freiburg 1996, 178.

[55a] Zitiert nach *I. F. Görres*, Thérèse von Lisieux. Ein Lebensbild, Herder 1998, 229.

[56] *Simone Weil*, Zeugnis für das Gute, Zürich und Düsseldorf 1998, 112.

[57] Ebd. 217.

[58] *S. Weil*, Aufmerksamkeit für das Alltägliche, München 1994, 49.

[59] *Eugen Biser*, Einweisung ins Christentum, 2. Aufl., Düsseldorf 1998, 291.

[60] So in der siebten Übung ihrer Exercitia spiritualia. Vgl. *Ringler* 227: „Vor dir ist meiner Sehnsucht leerer Becher" bzw. 226 „Ecce ante te est desiderii mei vacua craterula."

[61] Zitiert nach *Michael Bangert*, Demut in Freiheit. Studien zur Geistlichen Lehre im Werk Gertruds von Helfta, Würzburg 1997, 103.

[62] Zitiert nach *Else Marie Wiberg Pedersen*, Gottesbild - Frauenbild - Selbstbild. Die Theologie Mechthilds von Hackeborn und Gertruds von Helfta, in: *Bangert - Keul* (Hg), a. a. O. 57.

[63] Nach *Bangert*, a. a. O. 108.

[64] So *Bangert*, a. a. O. 17.

[65] Nach *Bangert*, a. a. O. 51.

[66] Hier zitiert nach *Bangert*, a. a. O. 373.

67 Nach *Bangert*, a. a. O. 13 Anm. 55.
68 Hier zitiert nach *Lewis*, a. a. O. 69. Vgl. *Ringler* 191-193.
69 Zitiert nach *G. J. Lewis*, a. a. O. 56.
70 Zitiert nach *G. J. Lewis*, a. a. O. 56.
71 Nach *Bangert*, a. a. O. 330 f.
72 S. *Spitzlei*, a. a. O. 135.
73 Bei *Ringler* (a.a.O. 74 u. 75): „Quod ego sum ex natura: hoc ipsa fiet ex gratia. Was ich bin von Natur, das wird sie selbst von Gnade." Gertrud Jaron Lewis und Jack Lewis übersetzen (in: Gertrud the Great, Spiritual Exercises, Kalamazov/Michigan 1989, 41): „What I am by nature she herself will become by grace."